기록보존소의 기록관리

Managing Archives

오항녕 역 | 한국국가기록연구원 감수

도서 진리탐구

●발간사

지금으로부터 4년 전 한국국가기록연구원이 출범하였다. 지난 시간을 회고해보면 아쉬움도 있고 또 앞으로 해야할 일도 산적해 있다. 그러나 한편으로는 나름대로의 뿌듯함을 느끼기도 한다. 시민기록문화전, 기록문화시민강좌 개설, 심포지엄, 기록문화상 제정, 한국기록학회 조직, 월례발표회, 한국기록관리학교육원 개원 등등, 모두가 우리의 기록문화 발전에 초석이 될 것임은 분명하다.

연구원의 출범과도 무관치 않지만 우리의 기록문화에 또 하나의 이정표라고 할 수 있는 것은 기록물관리법령의 제정이다. 법령의 제정으로 이제 우리도 근대적 기록관리체제에 들어갔다고 말할 수 있게 되었다. 그러나 법령의 제정이 바로 실시로 이어지지는 않는다. 죽어있는 법령이 얼마나 많은가. 새로운 법령이 제정되면 이에는 크고 작은 '저항과 편승'이 있기 마련이다. 새로운 기록관리법령에 대한 '저항'은 현재 법령상 존재해야할 자료관의 설치 실태만을 보아도 잘 알 수 있다. 새로운 법령에는 공공기록물은 전문가(기록관리전문요원, 아키비스트)가 관리하게 되어 있고 이들 전문가의 자격 요건도 규정되어 있다. 이에 몇 년도 안된 사이에 많은 대학에서 기록관리학 대학원과정이 신설되었다. 물론 모두가 기록관리분야 전반을 위해서는 발전적인 변화이다. 그러나 그 내실을 보면, 즉 교수, 교재, 참고도서, 실습실 등의 면에서 보면 부실하기 짝이 없는 경우도 있다. 이는 새로운 법령에 대한 '편승'이라고 할 수 있다.

그러나 '저항과 편승'을 탓하고만 있을 수는 없다. 사실 '저항과 편승'의 가장 큰 원인은 기록관리에 대한 이해의 부족일 것이다. 이를 위해 연구원은 과감히 ICA 총서시리즈를 번역하기로 결정하였다. 단순한 번역은 아니다. 권수로도 30권이 넘는다. 양도 양이거니와 여러 사람이 나누어 번역할 수밖에 없기에 통일성을 기하기가 무척 어려우리라 예상된다. 그럼에도 불구하고 한국 기록관리학의 기초를 놓는다는 심정으로 번역을 시작하였다.

본 총서시리즈는 국제기록관리재단(International Records Management Trust)과 ICA에서 공동으로 추진한 결과물로, 국제적으로 널리 이용될 수 있는 최선의 기록관리 업무 방식 도출을 목적으로 하였다. 또한 기록관리 전문가 외에도 체계적으로 기록학에 접근하지 못했던 사람들에게 학습모듈을 제공하려는 의도에서 만들어졌다. 이 때문에 기록관리시스템이 불충분하거나 적절한 기록관리 교재와 교육인프라가 결핍된 국가에게는 유용한 교재가 될 것이다.

기록관리 분야의 실무와 학문이 발전일로에 있는 우리 나라에서도 이 교재의 보급이 시급함은 물론이다. 앞으로 이 학습교재가 공공부문의 기록관리전문가를 위해서 뿐만 아니라 민간부문에서도, 그리고 아키비스트의 업무능력과 전문성을 높이는 데에서도 널리 활용되기를 바란다.

본인은 2000년 9월, 연구원을 대표하여 스페인 세빌리아에서 개최된 ICA총회에 참석하였다. 회의 규모의 크기에도 놀랐지만 개최국의 선진적 기록관리 및 보존에도 놀랐다. 아시아에서는 유일하게 1996년 중국의 북경에서 개최되었다고 하니 중국의 문화적 깊이를 보여주는 듯하다. 한국의 서울에서 ICA총회가 열릴 기록관리 선진국을 기대하며, 본 역서가 그런 기대에 일조하기를 바라마지 않는다.

본 역서를 내면서 감사드려야 할 분들이 있다. 먼저 한국국가기록연구원의 참뜻을 이해하여 저작권에 대한 비용을 과감히 포기해준 ICA 관계자 여러분들에게 감사의 뜻을 표하고자 한다. 또 상업성을 떠나 선뜻 출판을 맡아주신 진리탐구의 조현수 사장님 및 편집부 일동에게 진심으로 감사드린다. 마지막으로 그다지 좋지 못한 조건에도 불구하고 번역을 흔쾌히 맡아주신 번역자 여러분들에게 깊은 감사를 드린다.

김학준(한국국가기록연구원 원장)

　이태 전, 정부기록보존소에 함께 근무하는 전문위원 이상민 박사가 한무더기의 책을 건네
주며 한 번 훑어보라는 것이었다. 워낙 부지런히 좋은 자료를 모으고 읽는 분이라서 소홀히
넘길 수 없었다. 그래서 만난 것이 이 교재 시리즈이다. 며칠 동안 대체적인 내용을 살펴보고
난 뒤, 바로 전질을 복사하였다. 상업용이 아닌 연구용은 복사가 허용되었다. 그리고 혼자만
보기는 아깝다는 생각이 들어 몇몇 기록관리학 대학원 주임교수와 연구원에 연락하여 마찬
가지로 복사를 해서 보내주었다.

　내친 김에 번역을 해서 출판을 하였으면 하는 생각이 들었다. 그런데, 정부기관의 예산
집행은 1년 단위로 이루어지기 때문에 아무래도 정부기록보존소가 번역을 주관하려면 작업
자체가 1년 뒤에나 가능한 상황이었다. 그러던 중, 한국국가기록연구원에서 출판국장을 맡
고 있던 김영애 선생님이 ICA측과 번역을 위한 저작권 협의를 마치고 번역자를 모집하기
시작하였다. 그래서 우리 보존소의 몇몇 동료들도 이번 프로젝트에 참여하게 된 것이다.

　이 모듈은 다른 모듈과 마찬가지로 공동집필이다. 그런데, 이 시리즈의 특징을 보면, 우선
매우 쉽게 서술되어 있다는 점이다. 흔히 술술 읽힌다는 말을 하는데, 대체로 모든 모듈이
실제로 술술 읽힌다. 그리고 적절한 개념설명이 곁들여져 이해를 돕고 있다. 특히 연습문제
는 구체적이면서도 정곡에 닿는 질문으로 구성되어 있다. 그 질문에 대한 조언도 각 단원의
말미에 친절하게 붙어 있다. 또한 요약을 통하여 각 단원의 학습이 끝날 때마다 나름대로
학습상황을 점검할 수 있게 되어 있어서 자습용으로도 활용이 가능하다.

　애초 교과서로 집필되었기 때문에 강의에 활용하기에 편리하다. 실제로 나도 목포대학교
대학원수업에서 이 교재로 강의를 진행한 바 있다. 현재 우리 나라에는 마땅한 교재가 없는
데, 이 시리즈가 그 갭을 메워줄 것 같다. 다만, 독자들께서 다른 책으로부터 기록학의 원론
에 대하여 많이 접해보았겠지만, 이 책에서도 우리 나라의 현실과는 차이가 있는 서술이
있다. 이런 점은 수업을 통하여 토론과 보완설명이 필요하다.

　이 모듈은 정부기록보존소와 같이 현행 기록관리법령상의 '기록물관리전문기관', 그러니
까 기록물의 활용이 완전히 끝나고 기록을 생산한 기관에서 더 이상 생산했던 목적으로 활

용되지 않게 된 기록물을 관리하는 '아카이브스(Archives)'에서 할 일에 대하여 설명한 교재이다. 그러므로, 이관(Accession)→정리(Arrangement)→기술(Description)→활용의 각 단계별로 해야할 일을 서술하고 있다.

따라서 기록학 교재로는 가장 기본이 되는 모듈이라고 할 수 있다. 물론 평가(Appraisal)나 보존(Preservation) 분야는 그 중요성 때문에 별도의 모듈로 구성되어 있기는 하다. 그렇다해도 기록보존소 활동의 기본골격은 이 모듈에서 대강이 다루어지고 있다. 앞으로 광역시나 도에 설치할 수 있는 지방기록보존소는 물론 국회나 사법부의 기록보존소에도 이 모듈을 적용할 수 있을 것이다.

이 ICA교재에는 다른 원서에 비하여 상대적으로 오탈자나 이상한 문장이 많은 편이다. 많은 독서 경험을 가진 것은 아니지만 아무튼 나의 경험으로는 그러하다. 그래서 더욱 본 역서의 번역 수준에 걱정이 앞선다. 특히, 번역어의 선정을 위하여 여러 번 토의도 했고 조정도 했지만 만족스럽지가 않다. 그러나 번역어의 수준은 학문연구 수준과 함께 가는 것이기 때문에 좀더 시간이 필요하다는 생각이다.

2년 여의 짧은 정부기록보존소 공직생활에 기관장만 5번 바뀌었다. 인사관행도 있겠고 사정도 있겠지만, 이제 막 법령을 제정하여 제도의 정착이 시급한 상황에서 정부기록보존소의 장이 자주 인사이동의 대상이 되는 것은 안타까운 일이다.

다행히, 그간 소장으로 재직하였던 분들이 직원들의 연구발표회 등 대내외 활동에 적극적인 성원을 아끼지 않았다. 특히 민간부문과의 협력에 대해서는 열린 마인드를 보여주었다. 정부기록보존소가 기록관리의 이론과 실무 양 측면에서 차지하고 있는 선도적인 위치를 고려하면 이러한 정책방향은 분명 긍정적인 것이다. 그래서인지 짧은 기간에 직원들의 업무에 대한 식견과 능력은 상당히 제고된 듯하다. 이런 안팎의 후원에 의하여 이 책이 번역되었음을 밝히고 싶다.

2002년 2월 23일
오항녕 씀

차례

표

『기록보존소의 기록관리』 소개

기록관리(records management) 업무의 목적은 영구기록(archives)의 생산을 관리하는 것이 아니라(이것이 중요하긴 하지만), 기록에 들어있는 정보를 효율적으로 이용하는 데 있다. 그러나 조직의 이익을 위해서 기록을 잘 관리하는 것이 기본적인 일이지만, 영구히 보존될 기록을 보호하고 이용할 수 있게 하는 영구기록 관리영역이 없다면 기록 업무가 제대로 기능을 발휘될 수 없다. 기록(records)과 영구기록(archives)은 연구 자료이며, 기록관리기관(archival institution)은 이러한 종류의 연구가 집중되는 전문적인 시설이다. 기록관리기관의 기능은 전체 사회의 이익을 위하여 역사의 원자료(raw material of history)를 관리하는 것이다.

기록관리기관은 현용기록(current records)의 관리와 구별되는 나름의 문화적 영역(cultural dimension)을 가지고 있다는 특수성이 있다. 기록관리기관의 스태프는 전문요원(아키비스트)으로 구성되는데, 그들은 당대 정권의 이해나 편견을 좇아서는 안된다는 직업 윤리를 가지고 실천해야하는 전문적 직업인이다. 이 모듈에서는 정부나 정부의 행정적 요구와 연구 및 사회의 문화적 요구를 일치시키려는 과제에 대해 언급한다.

이 모듈에서는 주로 국립기록보존소의 업무와 정부 업무상의 기록관리에 대하여 논의할 것이다. 그러나 어느 중요 기관이 정보 및 기록관리 또는 개인과 가문에서 축적된 기록에도 마찬가지 원리가 적용될 것이다. 이 집단들도 기록이 활용중일 경우에는 기록을 관리하고, 지속적인 가치를 평가하며, 보존이나 그들 중 가장 중요한 것을 영구기록으로 계속 이용하기 위한 규칙을 정하는 일이 필요하다.

이 모듈에서 제시된 원칙과 절차는 정부 기록 체계와 비정부 기관 및 개인의 기록에 보편적으로 적용될 수 있지만, 다양한 사례에서 부딪힐 상이한 상황에는 어느 정도의 융통성이 요구된다. 이 학습프로그램의 관련 편람이 구체적인 안내자 역할을 할 것이다.

이론과 원리에 관한 적절하고 일반적인 서술은 구체적인 실무에 대한 서술과는 구별된다. 다양한 형태의 실무가 발생하는 상황에서는 그때마다 선택할 수 있는 것을 서술할 것이다. 그러나 일반적으로는 '최선의 실무'라고 간주되는 한 가지를 제시할 것이다.

이 모듈에 의거하여 업무를 할 때, 이 모듈은 중요한 관리상의 문제를 소개하고, '최상의 실무'나 이상적인 판단을 위한 제안이라는 점을 인식할 필요가 있다. 특히 복잡한 공공부문의 관계와 관련 영역을 감안하면, 여기서 개관한 추천사항 모두를 조문화하기는 불가능할 것이다. 하지만, 독자에게 핵심 개념(ideas)을 소개하고, 영구기록을 관리하고 그것을 이용할 새로운 방법을 탐구하기 위한 발걸음을 떼는 데 필요한 중요한 정보를 제공할 것이다. 이 모듈은 담당하게 될 업무를 이해하고 기존 절차를 개선할 수 있도록 도와줄 것이다.

여기서 제시한 몇몇 제안은 확대프로그램이나 공적 상호관계를 고려할 때, 어느 지역에서는 기록관리기관의 현재 능력을 넘어서는 것일 수도 있다. 그러나 미래에 추구할 만한 가치가 있고 흥미를 끄는 이상(ideas)을 소개하기 위하여 그 내용을 여기에 포함시켰다.

『기록보존소의 기록관리』는 5과로 구성되어 있다.

> 1과 : 기록보존소 관리 입문
> 2과 : 이관 관리
> 3과 : 기록물의 정리와 기술
> 4과 : 참고서비스 제공과 확대프로그램
> 5과 : 다음에는 무엇을 할 것인가

목표와 성과

목표

이 모듈은 5가지 기본목표를 가지고 있다.

1. 기록관리기관의 관리 원칙을 설명한다.
2. 기록관리기관으로 기록을 이관할 때 필요한 이론, 원칙, 실무를 개괄한다.
3. 영구기록의 정리와 기술의 이론, 원칙, 실무를 설명한다.
4. 기록관리기관에서의 확대프로그램 개발과 참고서비스 제공 영역에 관련된 핵심 문제를 개관한다.
5. 독자들을 위한 자료를 판단하여 그들이 우선 해야할 일과 다음에 해야 할 단계를 선명하게 이해하도록 한다.

성과

독자가 이 모듈을 끝내면, 다음과 같은 사항을 할 수 있을 것이다.

1. 기록관리기관의 행정적 필요 사항 서술

2. 영구기록 이관(수집)과 관련된 제 단계 설명

3. 영구기록의 정리와 기술의 제 단계 설명

4. 영구기록에 대한 참고서비스 제공과 확대프로그램 개발과 관련된 원칙과 실무를 설명

5. 영구기록을 좀더 효율적으로 관리하기 위하여 취해야할 다음 단계

학습방법과 평가

이 5과의 모듈을 학습하는 데는 80시간이 걸린다. 대략 독자들은,

> 1과에 15시간
> 2과에 15시간
> 3과에 30시간
> 4과에 15시간
> 5과에 5시간을 배당하면 될 것이다.

각 과의 마지막에는 주요 논점을 요약하여 놓았다. 끝에 용어의 사전을 제공하였다. 5과에는 보충 자료의 출전이 있다.

각 과마다 제시된 정보를 생각해볼 수 있는 연습문제(activities)가 있다. 각 연습문제는 '자기평가'를 위한 것으로, '옳다'거나 '틀렸다'거나 하는 답이 나오는 것이 아니다. 연습문제는 제시된 각 개념을 탐구하고 그것을 독자가 연구하고 일하는 환경과 연관시켜 보도록 고안하였다. 독자들이 이 모듈을 독습한다거나 기록 또는 영구기록 관리기관의 구성원이 아니라면, 독자는 가능한 가정적 상황을 그려보면서 연습문제를 해결해야 할 것이다. 연습문제에서 어떤 것에 대하여 써보라고 했다면, 독자는 요약된 핵심만을 적시해야 한다; 이것은 평점이나 등급을 매기기 위한 훈련이 아니며, 독자는 그저 배운 것을 이해하는 데 필요하다고 생각하는 시간만큼 연습문제를 푸는 데 사용하면 된다. 각 과의 마지막에는 독자가 자신의 학습을 평가할 수 있도록 연습문제에 대한 조언이 있다.

각 과의 마지막에 있는 요약은 자기학습문제이다. 이 자기학습문제는 독자가 이 모듈의 자료를 복습하게끔 만들었다. 그것은 평점을 위한 문제가 아니다. 독자들은 제시된 개념을 이해했다고 판단될 때까지 가능한 많은 문제를 해결해야 할 것이다. 이 모듈이 평가를 매기는 교육 프로그램의 일부로 이용될 경우에는, 시험이나 평점 같은 객관적 평가가 따로 포함될 수 있다.

어떤 자료가 필요한가?

이 모듈에서는 독자들이 문서과(records office), 자료관(records centre) 및 기록관리기관(archival institution)을 이용할 수 있거나, 영구기록 관리에 관여하고 있다고 가정한다. 다양한 연습과제가 독자로 하여금 독자 자신의 경험을 설명하고, 그것을 각 과에서 제시한 정보와 비교할 것을 요구할 것이다. 독자가 그런 시설을 이용할 수 없다면, 연습과제에 대한 가상의 시나리오를 개발하는 것도 좋겠다. 그 대안으로, 독자가 친구나 기록을 관리하는 데 종사하는 동료와 함께 이 모듈을 토론함으로써, 원칙과 개념을 그들과 논의하고 독자의 이해를 그들의 이해와 비교해보는 것도 생각할 수 있다.

이 모듈의 상당부분은 실무를 통해서 배울 수 있는 정리나 기술 같은 업무에 집중되어 있다. 그러므로 독자들은 전문기관에서 정리나 기술 프로젝트를 도와주면서 실제 영구기록을 다룰 기회를 찾는 편이 좋을 것이다. 불행하게도 이 모듈에서 다수의 가상 업무활동을 구성하기는 불가능하지만, 몇몇 쓸모 있는 연습과제도 포함되어 있다. 이 경우, 독자는 그들이 생각해낸 것을 각 과에서 개관한 원칙과 비교하고 자신의 이해를 명료히 하기 위하여, 그 연습문제를 동료들과 토론하기 바란다.

편람

이 모듈과 관련된 것이 트레이닝 편람인 『기록보존소의 기록관리: 업무편람』이다. 이 책에서 추천한 절차와 실무에 대한 더 상세한 내용에 관심 있는 독자는 이 모듈을 공부하면서 위의 업무편람을 참고하기 바란다.

사례연구

본 총서의 『사례연구』편에 실린 다음의 사례연구가 이 모듈에 유용한 도우미가 될 것이다:

5: Victoria Lemieux, Brian Speirs, Nicolas Maftei, Jamaica. 'Automating the Archives and Records Management Programme at the University of the West Indies'

6: Laura Millar, Canada. "Systems Downfall of Organisatioanl Shift? Automation at Andover University Archives'

24: Ann Pederson, Australia. 'Appraising the Records of the Australian Shipbuilding Engineers Association'

기록보존소 기록관리 입문

1과에서는 영구기록의 개념과 그 기록관리기관의 목적을 검토하겠는데, 논의될 주제는 아래와 같다.

1. 영구기록(Archives)이란 무엇인가?
2. 기록관리 전문요원(Archivist)의 역할
3. 영구기록의 이용
4. 기록관리 일반의 한 구성 부분으로서의 기록관리기관
5. 영구보존기록 관련 정책(an archival policy) 개발
6. 법률적 책임
7. 직업 윤리
8. 내부 구조와 조직
9. 업무처리 편람, 서식, 등록대장

1. 영구기록이란 무엇인가?

영구기록(Archives) : 꼭 그렇지는 않지만 통상은 비현용 기록으로, 영구보존을 위해 선별된 지속적 가치를 지닌 기록(records). 영구기록은 보통 영구기록보존서고(an archival repository)에 보존된다.

기록(Record) : 형식이나 매체에 상관없이, 법적 의무를 이행하거나 업무를 수행하는 과정에서, 그 한 구성부분이거나 증거를 제공하는 까닭에 조직(공적 또는 사적으로)이나 개인에 의해서 생산, 수취, 보관, 이용되는 기록

영구기록은 그 증거로서의 지속적 가치나 연구조사를 위하여 항구적으로 가지고 있어야 할 기록이다. 영구기록은 말하자면 기록 중의 엘리트 집단인 셈이다. 그것은 신뢰할 수 있고 공증된(authentic) 기본 지식을 제공하는데, 이를 통하여 우리는 과거사를 재구성하고 이해하게 된다. 이것이 없다면 과거는 대부분 미지의 세계로 남게 될 것이다. 정치·사회·경제 생활 중의 중요한 결정, 업무와 사건에 대한 기록이 거기에 담겨 있음으로 해서, 영구기록은 인류 역사의 사슬을 이어주는 필수적인 고리 역할을 하는 것이다.

영구기록은 그것을 안전하게 보호하면서 동시에 필요하면 이용할 수 있는 전문적인 기록 관리기관에서 보존해야한다.

기록관리기관(Archival institution) : 영구기록을 선별하고, 수집하며, 보존하고 이용 가능하게 할 책임을 진 관청. 영구기록 담당관청(archival agency)이나 기록보존소(archives)라고도 한다. 주: 혼동을 피하기 위해, 아카이브즈(archives)라는 용어는 '기록물관리기관(records and archives institution)' 혹은 '국립기록보존소(National Archives)'와 같은 공식적인 타이틀을 가진 기관을 가리킬 때만 사용하기로 한다.

기록관리기관은 '기록에 대한 관심의 지속(the records continuum)'이라는 관점에서 볼 때 초기 단계의 기록관리에 관심을 갖는 기관, 예를 들면 정부 행정기관(현용기록)이나 자료관(준현용기록)과 같은 여타의 기록관리 주체와는 다르다. 후자는 이 학습 프로그램(MPSR)에 포함된 다른 모듈에서 다루고 있다.

2. 영구기록의 가치와 기록관리전문요원의 역할

기록관리기관은 다른 기관이 영구적으로 보존할 필요가 있다고 판단한 기록을 수동적으로 받아들이는 데 그쳐서는 안된다. 전문요원은 보존시설(facility)에서 일하는 전문적으로 훈련된 직원으로서, 일상 업무에서 산출되는 다량의 기록물 덩이에서 몇 퍼센트에 불과한 지속적인 가치를 지닌 기록을 판단하여 보존하는 데 결정적인 역할을 한다. 이러한 임무를 완수하기 위하여, 전문요원들은 기록의 전 생애를 통하여 '지속적 관심의 원리(contnuum of care)'[1]의 한 부분으로서, 그 관리에 직접적으로 간여해야 한다. 전문요원은 기록을 통하여 업무상의 기능만이 아니라 문화적 기능도 충족시키기 위해서는, 영구보관을 위해서 영구기록보존소(archival repository)에 이관된 기록뿐 아니라, 기록관리체계(record - keeping system)를 설계, 입법하는 데도 참여해야 한다.

거의 대부분의 기록생산자는 잠재적인 문화 또는 연구 자원으로서 그들의 기록에 대하여 관심을 가지지는 않는다. 더욱이, 업무처리상 기록의 유용성이 떨어지면, 그 기록을 가지고 있거나 보존하는 데 대한 행정적 의지도 감소한다. 기록생산자에게 어떤 기록이 가치 있는 것인지를 판단하라고 한다면, 아마 남는 기록이 거의 없을 것이다.

이에 비하여 전문요원들은 훨씬 폭넓은 시각을 가질 수 있다. 이들은 업무에 필요한 정보와 연구 등 사회 전반의 필요 모두를 고려하여, 한 조직의 기록을 전체적으로 파악할 수 있다. 그래서 전문요원은 기록의 보유와 처리 과정을 체계적으로 다룬다. 여기서 전문요원들은 다음 3가지 사항에 대하여 균형감각을 유지해야 한다.

- 해당 조직의 경제성와 효율성
- 기록의 파기나 열람 중 분실 등에서 생기는 위험 관리
- 신빙성 있는 과거의 기록을 보존할 책임을 지는 지위나 조직상의 임무

기록보존시스템의 설계는『현용기록: 생산과 관리』에서 다룬다.『현용기록관리: 업무편람』도 참고. 평가의 원리는『기록평가시스템』에서 다룬다.

3. 영구기록의 이용(The Use of Archives)

생산될 때 바로 영구보존가치를 지녔다고 인식할 수 있는 기록은 거의 없다. 생각하고 있던 기록의 가치와 용도는 시간에 따라 변한다. 이번 주에 생산된 하나의 서류철이 25년이 지나서 커다란 영구기록의 가치를 가지게 될지도 모르지만, 기록의 일생 중 초기 단계에서 그러한 가치를 알아내는 것은 어려운 일이다.

그리고 기록의 가치는 상이한 이용자 집단마다 다르다. 기록이 애초의 목적을 완수하고

---

1) 기록의 생애주기 전 과정을 통하여 전문요원이 지속적이고 일관된 관심과 관리원칙을 제공하여야 한다는 것. '지속적 관심의 원리'란 곧 전통적인 문서관리자(Records manager)와 전문요원(Archivist)의 구분에 종지부를 찍는다는 것을 의미한다. 본 교재 내내, '생애주기(life cycle)'는 기록 자체만을 논할 때, '지속성(continuum)' 이란 말은 지속적 관심의 원칙에 따라 기록관리 전반을 논할 때 사용하는 개념이다. The Mamagement of Public Sector Records: Principle and Context, p.23 참고.(역주)

나면, 생산자나 본래의 이용자에게는 그 유용성이 줄어들기 마련이다. 예를 들어 관리자와 감독관은 업무수행능력과 책임을 평가하기 위하여 기록을 이용한다. 그 사람들에게는, 규정상의 필요성이 충족되고 나면 기록의 행정적 가치는 수명을 다한다. 기록의 대부분은, 일단 그 업무 기능이 끝나서 더 이상 기록에 담긴 증거를 가지고 있을 필요가 없다면 바로 파기될 것이다.

학계에서는 연구 목적으로 분석하고 해석할 정보의 원천인 기록을 중요시한다. 많은 연구자들은 영구기록을 출판된 자료처럼 또 다른 정보 자원으로 생각한다. 기록관리전문요원에게 결정적인 관심사인 영구기록의 생산맥락과 출처는, 기록의 정보에 접근하여 그 자신들의 연구목적을 위해 그 정보를 이용하는 연구자들의 입장에서는 그다지 중요하지 않다.

다양한 집단이나 일반 국민들은 영구기록에 내재한 상징적 가치를 이해하는데, 다른 말로 하면 많은 사람들이 기록과 과거 사이의 어떤 결정적인 관계가 있다는 것을 감지하는 것이다. 한 국가의 독립선언을 담은 원본기록 같은 국보급 영구기록은, 색채감 있는 헌장처럼 자체의 아름다움을 갖춘 기록이 그러하듯이, 직접적인 호소력을 갖는다. 또 국민들은 역사 속의 위대한 사건이나 인물과 관련된 영구기록을 높이 산다. 어떤 기록은 법적 권리나 가족사에 대한 증거를 간직하고 있기 때문에 사람들에게 지속적인 가치를 갖게 될 것이다.

영구기록의 용도가 서로 다름에도 불구하고, 그 자료에 대하여 서로 달리 인식되는 모든 가치는 하나의 공통적인 기반에 근거하고 있다. 기록이 가치 있는 연구 정보를 제공하기 위해서는, 그 증거로서의 가치와 완전성, 진본성 그리고 의미가 원래대로 유지되어야 한다는 것이다. 조직이나 개인이 필수적인 기록관리의 조건을 무시한다면, 그들은 업무 및 법률적 책임에 노출될 것이다. 하지만 오랜 동안 소홀히 할 때 결과는 훨씬 더 심각하다. 기록 뭉치가 그 지속적 가치에 대한 감정과 평가의 과정이 없이 파기되거나, 기록이 부주의나 관리 소홀로 손상을 입으면, 유일하고도 다른 무엇으로도 대신할 수 없는 과거에 대한 증거를 잃게 된다. 기록생산기관의 활동이나 기능을 잘 보여주는 기록류보다는 소규모의 연관성 없는 파편만을 보존하는 따위로, 영구기록의 유기적인 축적 상태를 깨뜨리는 것도 마찬가지로 기록을 손상하는 짓이다.

기록관리자나 전문요원은 기록이 갖는 증거로서의 기본적 성격이 내내 보호, 보존되었다는 점을 입증할 수 있어야 한다. 원본 증거로서 갖는 영구기록의 가치는 그것이 처음 생산되고 사용될 때부터 그 기록에 대한 관리와 보존상태의 질적 수준에 달려있다. 전문요원은 바로 이런 필요조건을 완전히 이해해야할 위치에 있다. 생산자의 문서고에서든 기록관리기관에서든, 기록의 생애 주기 어느 시점에서도 기록의 맥락이나 원본적 성격이 안전하게 보호받지 못한다면, 그 기록은 쓸모 없거나 무가치하다. 생산배경(context)이나 원본성(authenticity)이 없다면 영구기록에 포함된 증거는 믿을 수 없게 되거나 충분히 이해되기 어렵다.

영구기록의 질서나 맥락을 되살리는 일도 전문요원의 중요한 업무이다. 우발적 사건이나 재난이 일어나면, 불가피하게 책임소재가 바뀌고, 조직이 변화한다. 이런 경우 흔히 기록은 그 지속적 가치를 가리지 않고 부분적으로 혹은 완전히 파기된다. 또 기록이 어떤 상호관계 속에 있는지 제대로 파악하기가 불가능하지는 않지만 상당히 어려울 정도로 기록의 원본질서가 어지럽혀지기도 한다. 개인 서류나 소규모의 기록, 현존하지 않는 기관의 기록도 무질서하고 불완전한 상태로 아키비스트 앞에 나타날지 모른다. 그러므로 때때로 전문요원이나 기록전문가는 살아남은 기록과 기타 자료로부터 과거를 다시 건설해야 한다.

> *기록의 성격에 대해서는『현용기록: 생산과 관리』에서 좀더*
> *상세히 다루도록 한다.*

업무와 문화, 두 측면에서 증거가 될 수 있는 모든 요건이 충족되기 위해서는 기록생산자, 연구자, 역사가, 나아가 사회 일반을 망라한 기록 이용에 관심 있는 모든 이들의 협력과 지지를 얻어야 한다.

4. 기록물관리기관(Records and Archives Institution) 부분으로서의 기록관리기관(Archival Institution)

> *기록관리기관(archival institution)은 현대사회이*
> *핵심적 제도의 하나이다*

기록관리기관의 전통적인 역할은 영구 보존을 위해 따로 분류된 기록에 대한 관리자(custodian)였다. 전 세계적으로, 19세기 혹은 그 이전부터 살아남은 기록의 대부분은 행운의 결과라고나 할 것이다. 20세기 후반기까지도 영구기록보존소는 여전히 주로 공적인(특히 법적인) 용도를 위해 보유할 가치가 있다고 판단되었거나, 생산 기관에서 더 이상 아무런 가치도 갖지 않는다고 판단된 문서를 수동적으로 인수하였다. 기록관리기관이 선별 과정에 약간 개입을 하고 기록의 평가과정에서 감독기능을 행사하였을지 몰라도, 무엇을 보존할 지에 대한 결정은 대부분 기관장(chief clerks)과 사무관리자들이 하였고 그들의 대다수는 비전문가들이

었으며 다른 기관에서 행해지고 있는 보존 및 처분결정에 대해 무지한 상태에서 업무를 수행하고 있었다. 간단히 말해, 기록관리(management of records)와 영구기록의 보존(preservation of archives)은 분리된 활동으로 간주되었고, 후자(영구기록의 보존)는 전자(기록관리)가 끝나면 시작되었다.

최근에 기록(records)과 영구기록 관리에 대한 라이프사이클(life - cycle) 및 연속(continuum) 개념은 더욱 광범위하게 추구되었다. 기록과 영구기록이 다른 특성과 다른 관리 필요조건을 가진 두 개의 전혀 다른 실체라는 인식은 새로운 통합된 접근에 의하여 대체되어 왔으며, 이러한 인식의 변화는 생산되는 기록이 양적으로 증가하면서 일어났다. 기록은 그 생성에서 처리까지 기록과 영구기록의 전문가들에 의해 지속적이고 긴밀하게 관리된다. 생산, 이용, 보존(maintenance)과 처리(disposal)의 과정들을 관리함으로써 모든 이용자들의 요구조건이 충족될 수 있다. 기록 생산 단계에서부터 기록보관(record - keeping) 과정에 간여함으로써 각 기관은 기록의 보존과 최종적인 처리에 관하여 긴밀하게 결정을 내릴 수가 있다. 손에 잡히지 않는(non - physical) 전자기록에 대한 의존도가 높아짐에 따라, 전자기록은 쉽게 변화할 수 있기 때문에 기록의 전 생애를 통한 관리에 능동적으로 개입할 필요성이 강조되었다.

몇몇 기록관리기관들은 아직 새로운 접근방법을 채택하지 않고 있다. 따라서 그들은 생산 기관의 기록관리시스템에 대해 거의 개입하지 않거나 영향력을 행사하지 않고 있다. 어떤 나라에서는 라이프사이클(life - cycle)에 입각한 접근방식을 적용하자면 새로운 기록관리 법령의 도입을 기다려야 하는 경우도 있겠는데, 그 법령은 기록물관리기관에 기록 생산에서 최종 처리까지의 생애에 걸쳐 기록을 통제하는 포괄적인 기록관리 주체로서의 책임을 부여할 것이다.

모든 기록생산기관의 조직구조가 다르다는 인식을 전제로, 이 모듈에서는 기록관리기관이 라이프사이클의 모든 단계를 통해 기록을 관리할 책임을 지는 보다 광범위한 기록물관리기관(records and archives institution)의 구성 부분(integral part)이라고 가정한다. 기록관리기관은 보다 광범위한 이 기록서비스 가운데 핵심적인 부분으로, 그 기능은 생산된 순간부터 조직의 기록이 정보의 요구에 부응하도록 보장하고 또 효율적이고 효과적으로 관리되며 최대한 활용되도록 보장하는 것이다.

전형적인 기록물관리기관은 대개 다음 세 분야에 대한 책임을 지고 있다.

- 현용기록 관리(care): 현재 사용중인 기록의 관리에 대한 책임으로, 생산 기관들에서 현재의 업무 활동을 지원하기 위하여 문서과2)에 소장된다.

---

2) 여기서 '문서과(record offices)'는 현행 우리 나라 기록물관리법령상의 문서과와 그 개념이 다르다. 현행법령에서는 문서과에 자료관을 두는 것으로 되어 있는데, 이는 여건상 자료관을 독립시키지 못하고 문서과에 둔

- 준현용기록 관리: 더 이상 일상 업무에서는 필요가 없지만, 아직 파기되거나 전문기관으로 이관해서는 안되는 기록의 관리 책임은 자료관(records center)에 있다.
- 영구기록 관리: 영구보존을 위하여 선별되어 기록관리기관에 이관된 기록에 대한 책임.

기록물 관리기관(records and archives institution)은 기록관리(record management)와 관련된 모든 문제에서 전체적인 지도감독(leadership)·지침(guidance)·전문지식을 제공하는 한편, 기록관리기관(archival institution)은 그 기관의 후원자(정부나 기업)와 보다 넓은 지역사회에 구체적인 서비스를 제공한다.[3] 기록관리기관은 영속적인 가치를 갖는 기록의 생애에서 볼 때 그 최종 단계를 위하여 마련된 것이다. 이 모듈에서는 영구보존을 위해 선별된 기록을 관리, 이용 가능하게 하는 기록관리기관의 책임에 초점을 맞추고 있다.

영구기록보존소(archival repositories)는 한 사회의 중요한 문화 기관이다. 그곳은 연구의 중심지, 증거의 보관소, 이용자들이 그들의 이익을 추구하기 위하여 혹은 기념이 되는 기억에 대한 안내를 받기 위하여 기록을 열람하는 장소이다.

영구기록보존소와 다른 기관과의 관계(Relationship of the Archival Repositories to Other Institutions)

국가적 차원에서, 국립기록보존소는 국립도서관, 국립박물관, 기타 국립문화기관과 함께 한 국가의 핵심적인 연구자원 중의 하나이다. 다양한 학문분야의 전문적, 학문적 연구자들, 정부부처의 연구자들, 아마추어 연구자들 혹은 일반회원들, 국가의 문화와 전통에 대한 1차적인 자료를 얻기 원하는 사람들, 그리고 기록관리기관에 보존 중인 증거를 참고해야만 해결될 수 있는 문제를 가진 시민 등을 포함한 이용자들이 사회의 모든 분야에서 국립기록보존소를 방문할 것이다.

이러한 문화 및 연구기관들 사이의 연계가 정부의 구조 속에서 차지하는 그들의 위치에

것이다. 그래서 자료관이 처리과와 같은 기관(예를 들어, 같은 행정자치부)에 속하게 된다. 그러나 선진적인 기록관리체계를 갖춘 나라에서는 처리과(문서과 포함)와 자료관은 별개의 기관으로 되어 있다. 본 모듈을 이해하는 데 주의해야할 점이다.(역주)

3) 아직 기록관리시스템이 체계를 갖추지 못한 우리에게는 이런 상황이 잘 머리에 떠오르지 않을 것이다. 정부기록보존소가 기록물관리기관이면서 자료관이 해야할 일을 함께 하고 있는 현실에 비추어 보면, '기록 및 영구기록의 관리'나 '영구기록의 관리'나 그것이 그것으로 보일 수도 있다. 또 이 모듈에서 사용하는 용어가 '개념'과 '실제'의 논리차원를 고려하지 않은 데서 오는 혼란도 있을 수 있다. 독자를 위하여 정리해 두면, 이 모듈에서 전자는 기록관리체계에 대한 포괄적인 '개념'에 가깝다. 한편, 후자는 개념이기도 하지만 구체적인 실체이다.(역주)

따라 공식적으로 표현될 필요는 없다. 그러나 일반적인 정부기관이나 지휘체계(directorate)에 대한 보고와 같은 공식적인 관계가 때때로 유용할 수도 있다. 다른 상황에서는 그러한 연락 및 협조체계(liaison)가 전문직의 통로를 통해 설정될 수도 있다.

기록 또는 영구기록 서비스 책임에 대한 정부 내의 위치는
『기록관리 인프라 개발』에서 자세히 논의한다.

또한 국립기록보존소와 국가적으로 중요한 다른 기록관리기관의 건전성과 효율성은 국제적인 관심사이다. 많은 연구 주제가 국제적 관심사의 문제와 관련되어 있다. 국립기록보존소의 이용자 중 상당수가 다른 나라에서 온 사람들이다. 영구기록 이용에서 나타나는 이런 국제적인 성격은 국제적 정보 네트워크가 발전하고 국제사회가 유산과 문화에 공통적인 이해관계에 있음을 점차 인식함에 따라 눈에 띄게 커지고 있다.

하나의 기록관리기관과 기록 및 거기에 들어 있는 정보를 관리하는 모든 다른 측면의 업무 사이에는 강력한 연계가 필요하다. 기록관리기관의 시설은 기록물관리기관의 총체적인 부분이 되어야 한다. 후원 조직은 영구기록 관리 의무의 수행을 위해 적절한 예산을 제공해야 한다.

국립기록관리기관은 국제적인 유사 기관들과 네트워크를 이루며, 다른 국가에 있는 기록보존소와 공통의 관심사를 가지고 있다. 국립기록보존소는 국제기록보존협의회(ICA)의 어느 적당한 분과나 ICA 지역분회의 회원이 되어야 하고, 국립기록보존소의 직원은 국제조직의 자문과 사업에 참가할 수 있어야 한다.

국제기록보존협의회에 관한 자세한 설명은 5과를 참조하라.

많은 나라에서는, 아마도 대부분의 나라에서는 정부업무 이외의 부문에서 생산되었지만 국가의 이익에 필요한 가치 있는 기록을 보존하는 역할을 국립기록보존소와 같은 대규모의 기관에서 담당한다. 그래서 국가적, 기타 공적으로 제공되는 영구기록관리 업무에는 선별된 사기록 또는 비정부기록 업무가 포함된다. 이런 서비스의 이용은 비정부기관과 개인들에게 개방되어 있다. 그러나 이러한 기관들은 그들 소유의 기록을 제공하는 데 요구되는 비밀보장(confidentiality)이나 프라이버시에 대해서도 고려하고 있다.

일반적으로 사적인 혹은 비정부적인 기록관리기관은 유사한 절차를 따라야 하며 공공기록보관소와 같은 직업적 윤리강령을 준수해야 한다. 그들도 국가의 법령에서 제시되었거나 자격을 갖춘 전문조직에 의해 채택된 지침과 표준을 따라야 한다. 기록관리기관은 기관의 업무에 대한 일반의 인식을 제고하는 것을 목표로 하는 강력한 확대 개발 활동 프로그램을 가지고 있어야 한다.

기록물관리기관은 지역이나 분소 시설을 설립하고 운영하는 것도 필요하다. 이들 기관의 통일적 관리(central management)를 위한 일반적 지도감독 하에, 분소 설립은 지역 혹은 지방정부기관과의 관계에서 국립기록보존소와 중앙정부의 관계와 마찬가지로 동등한 기능을 수행한다. 이 모듈에서 설명하는 원칙과 실무는 지역 혹은 분소 기록관리기관에도 적용될 수 있다.

[연습 1]

여러분의 관할 내에서(국가, 지역, 도시 혹은 기타) 4개의 다른 문화적 유산기관을 정하라. 그들이 기록관리기관과 공식적 혹은 비공식적 연계를 가지고 있는지를 짚어 보라. 그런 후에 여러분의 관할권 내에서 기록관리기관이 소장, 관리하고 있는 기록물과 이해관계가 큰 4개의 다른 기관들을 생각하라. 그들이 기록관리기관과 공식적 혹은 비공식적 연계를 가지는 지를 지적하라.

---

5. 영구기록관리정책의 개발(Developing an Archives Policy)

명문화된 사명(The Mission statement)

기록관리기관은 정부나 생산 기관의 동의를 받은, 사명에 관한 성명서가 있어야 하는데 기록관리기관 프로그램의 성공은 이것에 의해 가늠될 수 있다. 사명문은 한 문장 정도의 짧은 것일 수도 있다. 예를 들면,

국립기록보존소는 국가적으로 중요성을 가진 공공 및 사적인 기록물을 보존하고 일반인이 이용할 수 있게 함으로써, 국가의 기록유산을 보존하기 위해 존재한다.

사명문 자체는 명확하고 간결해야 하지만, 그것은 기관의 규정, 목표와 과제를 설정하는 완전한 정책입안에 의하여 더 상세하게 뒷받침되어야 한다.

사명의 작성 및 그 조직적 계획과 관련성을 발전시키는 데 대한 정보는 『기록관리 인프라 개발』을 참조하라.

이 사명문은 전문기관의 운영 주체에 의해 결정, 공표되어야 하며, 널리 인쇄 배포되어야 한다. 전문요원은 사명을 작성할 때 자문에 참여한다.

사명문은 그것이 적절한지 확인하기 위해 정기적으로 검토되어야 한다. 수시로 사명문을 수정하는 의무적인 임무를 수행하는 자문단이 있어야 한다.

기록보존소의 사명문은 조직의 기록 관리 및 기록 보존과 관련하여 기관의 역할을 명확하게 규정해야 한다. 기록물관리기관의 부분으로서의 기록관리기관은 필요한 평가절차를 통과한 모든 기관기록이 이관되고, 그러한 기록물에 내재하는 연구가치가 실현되는 장소이다. 아래에 사명문의 모델을 제시하였다.

> 사명문은 기록관리기관의 역할에 대해 개관한다.

[연습 2]

다음 사명을 생각하자: "국립기록보존소(National Archives)는 조직과 문화의 성과를 위한 증거를 보호한다." 이 진술이 사명으로서 갖는 2가지 장점과 2가지 단점을 확인하라. 다음으로 여러분이 생각하기에 그것을 보강한 적절한 사명문을 다시 쓰라.

[연습 3]

다음의 사명문 모델을 검토하기 전에 여러분이 속한 조직의 기록관리기관을 위한 사명문을 한 문장으로 초안해 보라. 여러분의 진술과 이 모듈이 제시한 중요 사명을 비교하고 유사점과 차이점을 확인하라. 여러분이 문안으로 채택한 것을 설명하고 정당성을 제시하라. 다음으로 여러분이 초안작성한대로 여러분의 기관 사명문을 완성하기 위하여 수행하여야 할 3가지 조치를 생각해보라.

율도국 국립기록보존소

사명

율도국 국립기록보존소의 기본 사명은 위임받은 영구기록을 관리 보호하고 이 자료들이 현재와 미래에 공공 활용될 수 있도록 보존하는 것이다.

위에 언급한 사명을 전제로, 율도국 국립기록보존소는 공공 업무에서 생산된 모든 기록이 최선의 이익을 위해 평가되고 이용되며, 국가를 위하여 영구 혹은 장기 보관할 가치가 있는 모든 공공기록물이 국립기록관에 이관되도록 국립 기록물관리기관의 모든 분소(특히 자료관)와 함께 협력하는 것을 목표로 한다.

국립기록보존소의 사명은 적절한 법적 조건에 따라 공공 업무 외에서 생산된 기록이라도 국가 유산이 될 것이라고 판단될 경우에는 모두 찾아 관리하며, 그 기록을 적당한 문서고로 옮겨 올바른 방법으로 국가를 위해 가치를 활용하도록 대책을 강구한다.

율도국 국립기록보존소는 연구와 공공의 참고를 통하여 모든 소장 기록물의 가치를 실현할 목표를 가진 연구기관이다. 기관의 직원들은 이 분야의 전문가들이고, 이들은 고도의 참고 업무에 대비할 수 있도록 모든 실제 업무와 능동적인 개발 및 확대프로그램을 수행한다. 이들 프로그램에서 국립기록보존소는 국가의 다른 연구기관들과 협력한다.

표1 : 사명 선언문 모델

6. 법률상의 책임(Responsibilities under the Law)

　다음 내용은 특히 공공부문 기록관리기관과 관계가 있으나, 그 지침은 민간부문의 기록관리기관에도 마찬가지로 적용될 수 있다. 영구기록관리 업무는 그 기능을 유효하게 하는 구체적인 법령 혹은 명문화된 정책에 따라 운영되어야 한다.

1. 공공기관으로서의 기록관리기관 설립. 법은 그 기관에 필요한 권한과 의무를 부여해야 한다. 여기에는 정부 업무에서 생산된 기록이나 전문기관의 권한에 포함된 다른 주요 기록에 대한 전문기관의 관할권에 대한 정의를 포함한다.
2. 기록관리기관의 소장자료에 대한 공공의 이용 권리. 이 법률은 명확한 조건에 따른 정부기록의 정식 공개에 대한 정책, 시효(lapse of time) 및 민감한 사안에 대한 검토와 비밀해제의 실행 절차 등을 포함할 것이다. 공공의 이용권리를 분명하게 제시하여야 하고, 가능한 한 이런 류의 입법을 위한 최선의 모델을 따른다. 정보자유법(freedom of information legislation)이 있을 경우에는 이것을 선례로 하되, 기록관리법(archival legislation)의 정신과 조문에 상응하도록 해야 한다.
3. 비밀유지 등 기록에 실린 정보를 제공하는 개인과 기관의 권리 보호. 이 조문도 최선의 모델을 따라야 한다. 프라이버시 혹은 자료보호법이 있다면 선례로 삼되, 기록관리법 조문과 정신에 상응하도록 노력해야 한다.
4. 전문기관 및 그 목표의 성취도에 대한 공적인 검증조항. 이 조항은 이상적으로 보면, 정책형성이나 프로그램과 업무의 집행과정에서 조언, 자문, 유관 업무의 협조 등을 얻을 수 있는 일련의 구조를 확립하기 위한 것이다.

> *영구기록관리법령은 기록을 보호하고*
> *공공의 이용 권리를 지켜야 한다.*

　　　영구기록관리 법령은 『기록관리 인프라 개발』과 『기록관리
　　　법의 모델』에서 상론한다.

7. 직업 윤리(Professional Ethics)

기록관리기관의 전문적인 직원들은 아키비스트, 곧 전문요원이다. 그들은 국제적인 동질성과 국제적으로 인정된 윤리 헌장을 가지고 있는 전문적인 그룹에 속한다.

업무상의 책임 범위에 상관없이, 공공부문의 기록관리자나 전문요원은 공공에 봉사할 의무를 지니고 있다. 훌륭한 정보관리는 사회의 지식기반에 필수적이다. 공무원, 기록관리자 또는 전문요원은 그들의 업무에 최고의 능력을 발휘할 공적 의무를 진다. 책임성, 윤리, 봉사정신(stewardship), 그리고 헌신(commitment)은 공직자에게 필수적인 자질이다. 민간부문의 아키비스트도 이런 자질을 갖추는 것이 바람직하다.

전문요원은, 개인으로서 또는 그룹으로서 그들의 국가나 지역에서 적절한 전문 단체에 의해 채택된 어떤 유사한 헌장은 물론, '국제기록보존협의회'에 의해 공표된 윤리 헌장을 준수해야 한다.

다음은 전 세계의 기록물관리 전문가(records and archives professionals)에 의해 채택된 많은 윤리원칙에서 찾아볼 수 있는 주요 원칙들이다.

- 기록관리 전문가(Records professionals)는 현재와 미래의 이용자들을 위하여 논리적인 정합성과 물리적 보호를 통하여 기록 및 영구기록을 관리, 평가, 선별, 수집, 보존하고 이용할 수 있게 한다.
- 기록관리 전문가는 인종, 피부색, 종교, 성별, 연령 혹은 국가적, 민족적 출신에 따른 차별 없이 자신들의 과업을 수행하여야 한다.
- 기록관리 전문가는 비밀 여부, 개인적인 프라이버시, 물리적 보존 및 법적 혹은 정책적 요구사항을 감안하여 가능한 최대한 기록의 활용을 증진시키고 고무한다.

- 기록관리 전문가는 인정된 기록관리 원칙과 실무 및 고도로 표준화된 행동방식에 따라서 자신들의 의무를 수행한다.
- 기록관리 전문가는 사회전체의 이익을 위하여 그들의 지식을 이용하는 한편, 또 다른 전문가나 공중 일반과 자신의 지식을 공유함으로써 기록관리 지식과 기술의 발전에 기여한다.

모든 기록관리기관의 직원들은 전문가이며 나라 안에서 적절한 전문단체들의 업무에 자유롭게 참가할 수 있어야 한다.

전문성과 윤리의 문제는 『공공부문의 기록관리 원칙과 체제』와 『기록관리의 인적·물적 자원』에서 더 자세히 논의된다.

[연습 5]

여러분의 기관에 근무하는 전문요원들이 영구기록 관련업무에 대한 국내 또는 국제적 행동 원칙을 지키는지 알아 보라. 만약 그렇다면 그 헌장을 찾아보고, 어떤 내용을 담고 있는지, 또 그것이 어떻게 적용되는지 간단히 기술하라. 만약 헌장이 없다면 적절한 강령을 확인하기 위해 여러분의 기관에서 전문요원에게 필요한 3가지 권장사항을 개발하고 전문기관에서 이를 채택하여 이용하도록 하라.

---

8. 내부 구조와 조직

일반적으로 기록관리기관(Archival institution)은 그 자체의 활동을 4가지 그룹으로 나눌 수 있는데, 그 그룹들은 부서별 구조(departmental structure)로 유용하게 연결될 수 있다.

1. 문서고(Repository): 새로운 영구기록 자료(Archival material)를 문서고로 받아들이는 데 관련된 활동; 서고(Storage)에 있는 영구기록의 보존; 보존을 위한 장비의 준비; 보존 구역(문서고(repository) 자체)의 유지; 기록에 대한 관리차원의 통제, 특히 기록의 정리(arrangement), 문서고에서의 출납, 문서고 내의 위치이동; 문서고의 보안.
2. 검색실 또는 참고실: 사용자를 위한 시설의 준비 및 영구기록 참고에 적합한 환경으로서 검색실 유지; 사용자 등록과 행동 통제; 기록의 주문, 대출, 반납 관련 절차; 복사

시설의 준비와 관리

3. 검색도구(Finding aids)와 출판: 소장물에 대한 정보관리; 소장물에 대한 안내책자 준비 및 발간; 연구조사 및 분석; 목록, 색인, 다른 검색도구의 준비; 다른 출판활동; 전시와 홍보활동

4. 보관 업무: 문서고 내 환경 조건들의 유지와 감시; 각종 시설과 프로그램의 유지 및 보수; 복사 및 사진촬영 장비와 프로그램들

영구기록 보존소(보존서고 *Archival repository*) : 영구기록이 보존되고 참고 가능하도록 만들어진 건물 혹은 어떤 건물의 일부. 기록보존소 (archives)라고도 함.

참고실(열람실 *Search room*) : 기록관리기관 내에서 영구기록 및 그와 관련된 검색도구에 대해 자문을 구할 수 있도록 이용자들에게 개방된 지역.

관리구조는『기록관리 인프라 개발』에서 자세히 서술된다. 보존 관리는『기록물 보존』에서 더 자세히 논의된다.

[연습 6]

여러분의 기록보존소(archival institution)의 현재 구조를 보여주는 조직표를 준비하라. 그 기관 내에 근무하는 다양한 사람들의 보고체계를 확인하라. 누가 어떤 부서 혹은 지역을 담당하고 있는가? 책임이 중복되거나 책임이 불분명한 영역이 있는가? 그 조직내의 보고체계와 책임의 선을 개선하기 위해 당신이 취할 수 있는 3가지 변화를 제안하라.

직원 조직

기록관리기관의 최고자원은 전문요원(staff) 이다.

전문기관의 직원은 보통 동기부여가 잘 되어있고 적극적인 사람들이다. 이러한 자산을

활용하여 성과를 내기 위해서는, 관리 구조가 각 요원에게 업무를 명확하게 할당해주어 정책개발에 책임감을 가지고 공헌하도록 해야 한다. 또한, 훌륭한 작업을 인정하는, 그리고 미래지향적인 매력적이고 실질적인 프로그램을 제시하는 보고 및 평가프로그램(reporting and assessment program)도 있어야만 한다.

직원으로 있는 전문요원은 명료히 정의된 책무를 가져야 한다. 그들은 또한 업무에 대한 전략적 기획에 기여할 기회를 가져야 한다. 모든 정규 비정규 전문요원의 정례 회의를 통하여 그런 기여의 기회를 갖는다.

외적인 기록관리구조상, 기록관리기관의 책임자는 기록물관리기관의 총책임자에게 보고하도록 되어있다. 내부적으로는 각 과장이나 각 지역 문서고의 책임자가 기록관리기관의 책임자(archival director)에게 보고할 것이다. 각 지역 사무소에 있는 과장들은 그 지역 사무소장에게 보고하고, 그 나머지 직원들은, 따로 설정된 지휘 체계가 없다면, 해당 부서장에게 보고할 것이다.

직원 관리는 『기록관리의 인적·물적 자원』에서 상론한다.

전형적인 직원 구조는 다음 직위를 포함하고 있다. 이것은 특수한 경우에도 적용될 수 있는 일반모델로서 제시된다.

- 기록물관리기구(records and archival institution)의 장4): 문서과, 자료관, 영구기록 담당기관을 포함한 모든 업무의 우두머리
- 문서과, 자료관, 기록관리기관의 장: 문서과, 자료관, 전문기관의 관리 감독 책임을 맡은 관리
- 지역 전문기관이나 자료관 본부의 장: 특정한 지역의 보존소나 자료관에 대한 관리 지도를 담당하는 관리
- 전문기관 내의 각 과장, 예를 들면 보존과장(모든 보존과 유지 활동을 담당하는 관리);

---

4) 앞서 'records and archival institution'을 하나의 '개념'이라고 한 적이 있다. 그런데 전문기관이 우리와는 달리 국무총리 직속의 부처로 되어서 문서과 및 자료관을 망라한 기록관리를 위한 정책 일반을 책임지고 있다면, 이는 '개념'만이 아니라, '실제'일 수도 있다. 현재 우리 나라의 경우는 아직 법령상의 개념과 실제의 불일치 단계, 즉 과도적 발전과정에 있는 셈이다. 앞으로 중앙기록물관리기관이 위에서 말한 기록물관리기구의 역할을 하면, 영구기록의 관리만을 책임지는 전문기관인 'archival institution'은 기능으로 보아 그 하위 조직일 수도 있다. 이러한 체계가 구체적 현실적으로 어떤 모습일지에 대해서는 별도의 검토를 요한다. 기본 골격은 NARA처럼 동일 기관의 업무 영역 분리, 즉 정책적으로 국가 기록물관리를 책임지는 정책 및 집행 영역과 실제 이관받은 영구보존기록물의 연구·보존·관리·이용을 담당하는 영역으로 업무분장이 이루어지는 양상일 것이다.(역주)

열람과장(참고와 홍보활동을 담당하는 관리); 문서과장(생산기관에서 만들어지는 기록을 감독하고 조정하는 일을 담당하는 관리)

- 문서과 내의 직원: 기관 내의 기록업무를 감독하고 조정하거나, 총 기록물관리기관 내의 다른 직원과의 협력을 담당하는 관리

이 모듈에서 '책임자(director)'라는 말은 일반적으로 위에서 언급된 조직을 지도(즉, 통제)하는 사람을 가리킨다는 사실에 유의하라. 이 용어는 어떤 특정 공무원 또는 관리등급이나 직위와 관련된 것은 아니다.

아래의 '최선의 실무'를 위한 지침은 직원을 효과적으로 관리하고 장단기 계획을 개발하기 위해 권장하는 것이다.

- 기록관리기관을 위해 공식적으로 서술된 (전략적) 장기계획을 수립하여야 한다.
- 이 전략은 그 기관, 기관의 부서들 그리고 각 지역 사무소를 위한 문서화된 공식적 연간 (사업) 계획 또는 프로그램으로 발전되어야 한다.
- 이 계획은 역으로, 개별 직원, 직원 그룹, 각 과의 계획으로 전환되어야 한다.
- 투여될 수 있는 자원(기금, 인력 자원, 설비, 장치)과 산출이 예상되는 성과(해당 기간동안 성취하려고 하는)에 기초하여 프로그램과 청사진이 개발되어야 한다.
- 모든 직원들은 그들의 서열이 어떠하든 간에, 그들의 임무와 책임을 명확히 알려주는 문서화된 직무설명서와 수행해야할 구체적인 과업과 그 성취도를 측정할 수 있는 기준을 정한 연간 직무 계획서를 가지고 있어야 한다.
- 모든 계획, 프로그램, 사업은 정규적으로 공식, 비공식적으로 체크되어야 한다.

훈련(Training)

> 모든 고용주와 마찬가지로,
> 전문기관은 자체 구성원들의 채용과 훈련을 책임진다.

전문기관의 어떤 직위에 배치된 사람은, 그들이 전문적, 준전문적 자격을 이미 보유하고 있든 그렇지 않든, 전문기관의 구체적인 정책과 절차에 의하여 훈련받아야 한다. 그러한 훈련 프로그램들은 모든 관리 전략의 일부가 되어야 하며, 그것들은 그들의 서열이 어떠하든지, 모든 구성원을 대상으로 전문직 또는 경력 개발을 지원하는 과정들을 포함하고 있어야 한다.

공직에 새로 들어온 공공 부문 기록관리 기구의 모든 신임공무원은 임명, 급여, 승진, 휴가, 연금, 징계 등과 관련된 모든 필수 정보를 알아야 한다.

모든 신입 전문요원은 보안, 서류 취급, 업무편람의 활용에 대한 교육을 받아야 한다. 모든 교육훈련은 그들이 책임지고 있는 영구기록(archives)의 유일성과 중요성을 강조해야한다.

업무수행평가(Performance Measurement)

투자는 당연히 효과적인 업무수행과 양질의 서비스를 제공하는 것으로 나타나야 한다. 이를 달성하기 위하여, 반드시 정기적으로 업무수행을 체크하여야 한다.

> *기록관리기관의 업무는 수행 평가를 받아야한다.*

업무수행평가의 가장 일반적인 방법은 보고 기간동안 행해진 업무의 통계수치를 담고있는 연례 혹은 여타 주기적 보고서를 간행하는 것이다. 그 보고서는 정부 또는 법인체 내에서 통용되는 표준과 규정을 따라야 하며, 그러한 규정에 따라 상급 관계자와 공공에 제출되어야 한다.

연례 보고서 내의 통계에는 다음 사항이 포함된다.

- 새로이 접수, 이관된 영구기록
- 참고를 위해 생산되거나 간행된 자료
- 사용자의 방문 횟수와 접수된 문의사항
- 보존계획의 진행
- 홍보 및 대외 활동

그러나 업무수행은 단순히 통계적 정보만으로 판단되어서는 안된다. 우수한 서비스의 가치는 제공된 서비스의 질을 보증하고 총괄적인 계획(사명문과 세부 프로그램에 제시된)이 예정한 시간 안에 달성되고 있다는 것을 판단할 수 있는 자체 능력에 의하여 결정된다.

업무수행은 신뢰할 수 있는 내외 정보를 토대로 판단한다. 외적으로, 기록관리기관은 반드시 재정 및 감사권을 행사하는 지원 부처의 해당 부서에 직접적인 책임을 진다.

주된 이용자층을 대표하는 자문위원회를 설립하는 것도 좋은 방법이다. 자문위원회는 매년 기관의 성공 여부를 판단하기에 충분한 정보를 가지고 있고, 정부 혹은 기금을 제공하는 부처들을 상대로 건의할 수 있는 위치에 있어야 한다.

내적으로, 전문기관의 직원은 그들 자신이 프로그램의 성공 여부를 평가하고 부족한 점이 있다면 왜 그러한지 원인을 파악하여 업무수행을 향상시킬 방법을 강구해야한다.

업무평가에 관해 상세한 것은 『기록관리의 전략계획』과 『기록관리 인프라 개발』을 보라.

[연습 7]

여러분의 기관에서는 보고서를 발행하는가? 얼마나 자주 발행하는가? 정기적인 보고 프로그램이 이로운 이유를 설명하라. 그리고 여러분의 기관을 위해 보고 프로그램(reporting program)에 관한 두 페이지 분량의 제안서를 준비하라. 그 보고서가 갖추어야 하는 요소의 목록을 작성하라. 얼마나 자주 그 보고서를 발행할 것인지, 어떤 형식을 띨 것인지, 누구에게 왜 배포할 것인지 설명하라.

[연습 8]

여러분의 기관에서는 직원들이 어떻게 그들의 작업을 수행하는지 판단할 업무수행평가 방법을 사용하고 있는가. 그렇다면 그 방법을 서술하라. 그리고 다음 활동 중의 2가지에 대한 여러분 나름의 수행평가 지표를 고안하고 왜 여러분이 그 지표를 선택하였는지 설명하라

- 참고 문의에 대한 답변
- 기록의 평가와 처리
- 기록의 정리와 기술
- 기록의 입고(storing)와 보존

수익원(수익발생. income generation)

어느 기록관리기관이든, 특히 공공 부문의 기록관리기관이 제공하는 기본 업무는 모든 사용자들에게 무료로 제공되어야 한다. 이것은 전 세계적으로 지키는 일반 원칙이다. 주변적이거나 본질적이지 않은 업무에서 생기는 수익원(收益源)이 이 핵심 원리를 훼손해서는 안된다.

다른 문화적 성격을 띤 기관이 그러하듯, 그렇게 함으로써 기록보존소가 앞서 언급한 사명을 완수하기 위한 활동을 방해하지 않고 뒷받침할 수 있다면, 어떤 프로그램이나 활동을 통하여 수익발생을 최대화하는 것은 전문기관에 통상 있는 일이다. 수익원은 합의한 목표의 성취를 향한 프로그램을 확대시킨다는 한도 내에서만 바람직하다. 수익 산출 그 자체를 본래 목적으로 간주하는 것은 바람직하지 않다.

수익 발생을 위해 적당한 활동은 아래와 같다.

- 문서(document)의 복사본 공급을 포함하여 (다만 기록관리기관의 기본 업무를 손상하지 않을 경우에만) 공공을 위하여 연구조사 서비스를 제공할 경우
- 주요 자료의 원본이나 주목을 끄는 기록의 사본을 출판할 경우
- 독자적으로 또는 다른 문화 사업과 연계하여 마케팅 및 홍보 프로그램에 참여할 경우
- 계약 하에 전문적 조사를 제공할 경우

[연습 9]

여러분의 기록관리기관이 현재 수익을 얻고 있는 4가지 방법을 확인하라. 그리고 추가 수익을 얻을 수 있는 방법을 2가지 이상 들어 보라. 각각의 수익산출 방법이 갖는 잠재적인 이점과 불이익을 설명하라.

건강과 안전(Health and Safety)

모든 기관은 직원, 방문객, 이용자를 포함한 모든 이용객의 건강과 안전을 보호할 책임이 있다. 이 과제는 국가의 법령, 정부 또는 법인의 규정과 사회의 표준 관례라는 일반적 맥락에서 검토되어야 한다.

건강과 안전 관리에 대한 추가 정보는 『기록관리의 인적·물적 자원』을 보라.

9. 업무편람(Procedures Manuals)

기록관리기관의 모든 업무절차는 명료하게 편람으로 정리되어 있어야 한다. 이것은 권위 있고, 모두가 이용할 수 있어야 하며, 정기적으로 업데이트되어야 한다.

> 업무편람은 전문기관 직원에게 주어진 과제를 정의, 서술한 것이다.

전문요원 중 한사람은 편람의 편집자로 지명되어 원본(master text)을 책임져야 한다. 기록관리기관 책임자의 특별한 허락 없이는 편람이 변경될 수 없으며, 정식으로 변경을 할 때는 책임 있는 담당자에 의해 진행되어야 한다.

편람은 쉽게 빼고 넣을 수 있는 루즈 - 리프(낱장 분절식. loose - leaf)식이어야 하며, 모든 페이지에 번호와 날짜를 매겨야 한다.

편람 사본은 관리되어야 한다. 사본에는 번호를 매겨 누가 사본을 갖고 있는지 등록부에 기록한다. 이는 내용을 비밀로 하기 위해서가 아니라, 가용중의 사본들이 제대로 통용되도록 하기 위해서이다.

편람을 갱신할 때는 직원 한 사람에게 갱신 준비 업무를 부과한다. 업무 담당자는 갱신된 내용을 사본을 가지고 있는 사람들에게 나누어 주고 편람 사본에 수정한 부분이 첨입되었는지 확인한다.

최신 정보 또는 추가사항에 적당한 페이지 수와 날짜를 기재한다. 변경을 용이하게 하기 위해, 편람 페이지는 처음부터 연속해서 매기지 않고 통상 장과 절에 따라 번호를 매긴다.

추가 지침은 『기록보존소의 기록관리: 업무편람』을 보라.

서식과 등록대장(Forms and Registers)

기록관리기관의 업무절차를 구성하고 기록하는 데는 특별히 설계된 서식이 사용된다. 이에 대한 예들은 이 모듈에서 계속 제시될 것이다. 이 서식의 형태도 관리대상이며, 완성된 서식의 처리에 대한 절차도 포함되어야 한다. 특히 중요한 것은, 모든 핵심 정보가 들어가도록 하되, 불필요한 정보가 모이지 않도록 서식과 등록대장을 설계해야 그 시간과 자원이 절약된다는 점이다. 이어지는 각 과에서는 영구기록 관리의 부분으로 간주되는 다양한 서식을 소개할 것이다.

[연습 10]

여러분의 기록관리기관의 기록관리과정에서 사용되고 있는 모든 서식과 등록대장을 확인하고 가능하다면 입수하라. 그것을 목록으로 작성하고 각각의 목적을 기술하라. 다른 서식이나 등록대장에서 관리되어 중복되는 정보나 행위는 없는가. 현행업무에 대한 이들의 타당성을 검토하고 개선 또는 변경해야 할 점들을 제시하라.

요약(Summary)

1과는 영구기록의 개념과 기록관리기관의 목적에 대하여 검토하였다. 다음과 같은 구체적인 주제가 논의되었다.

- 영구기록이란 무엇인가?
- 기록관리기관이란 무엇인가?
- 기록관리정책의 개발
- 법적 책임
- 직업 윤리
- 내부의 구조 및 조직
- 업무 편람, 서식과 등록부

학습과제

1. 영구기록(archives)와 기록(records)에 대해 정의하라.

2. 왜 영구기록은 전문가가 있는 기록관리기관에 보관되는가?

3. 기록관리기관의 사회적인 역할은 무엇인가?

4. 기록관리기관과 문서과(records office), 자료관(records centre)의 차이는 무엇인가?

5. 국립기록보존소와 다른 국립 문화기관은 어떤 관계가 있는가?

6. 정부의 책임을 담보한다는 면에서 공공부문 기록관리기관의 역할은 무엇인가?

7. 기록관리기관의 사명 선언문의 목적은 무엇인가?

8. 왜 공기록관리기관이 그 밖의 비정부 기록을 보존하는가?

9. 기록관리법(archives law)이 포함해야 할 조문을 최소한 3가지 들어 보라.

10. 공직자로서의 전문요원(archivist)의 역할을 설명하라.

11. 기록관리전문가에 의해 채택된 많은 윤리 헌장에서 볼 수 있는 핵심적인 원칙을 최소한 3가지 들어 보라.

12. 대부분의 기록관리기관에서 볼 수 있는 업무 중, 4가지 핵심 단위를 설명하라.

13. 영구기록보존소(archival repository)란 무엇인가?

14. 왜 기록관리기관의 직원에게는 분명하게 정의된 일련의 의무가 필요한가?

15. 업무수행 평가의 개념을 설명하라.

16. 연차보고서에는 무슨 3가지 종류의 통계가 들어가는가?

17. 전문기관이 수익을 낼 수 있는 방법을 최소한 3가지 들어 보라.

18. 업무편람의 목적은 무엇인가?

19. 왜 서식과 등록대장이 고안되어야 하고 개정할 때는 일정한 통제를 받아야 하는가?

연습: 조언

연습 1

대부분의 국가에는 국립 박물관, 미술관, 도서관, 역사적 유적, 그리고 연구 기관이 있을 것이다. 이 기관들은 사회의 문화 보존에 관계한다. 재무부, 감사원, 검찰, 법무부 등 다른 정부 기관들도 제대로 된 공공 기록관리에 의거하여 직무를 수행한다. 이 모든 기관들이 서로의 업무를 이해하고 바람직한 기록 관리를 증진시키기 위하여 상호 협력하여 가치 있는 정보를 교환하고 노력이 중복되지 않도록 해야한다.

연습 2

이 사명 선언문은 많은 개념들을 분명히 하기 위해 보강될 수 있다. '보장한다(ensure)'는 말에는 보존(preservation)과 이용(access)에 대한 용인이 포함되어 있는가? '조직적·문화적 효과'란 무엇을 의미하며, 어떻게 실행될 수 있는가?

다음은 여러분들이 검토할 수 있는 몇 가지 추가적인 사명 선언이다.

> 국립기록보존소의 사명은 효과적으로 기능하고 그 기원(origins), 발달, 지속적인 업적을 이해하기 위하여 기관이 요구하는 증거를 확보, 기록, 보존, 이용할 수 있는 기록관리체제(record - keeping regime)를 확립, 관리하는 것이다.

> 국립기록보존소의 사명은 기관의 기원, 발달, 지속적인 업적을 가장 잘 기록한 기록을 선별, 보존, 이용하도록 하고, 영구가치가 있는 미래의 기록을 생산, 보호, 관리할 표준을 개발, 실행하는 데 있다.

연습 3

여러분이 만든 사명 선언문과 위의 예 및 가상의 율도국 국립기록보존소의 것을 비교해 보라.

연습 4

법령을 재초안하는 것은 시간 낭비이고 과정도 복잡하며, 정부 내의 법령 제정권자의 감독과 지침을 요구한다. 이 연습은 어떻게 법령이 전문기관의 조직과 운영에 영향을 미치는지 생각해보도록 하기 위한 것이다. 이는 또한 중요한 조문을 판단하는 것이 어려운 일이 아니며, 법령을 통하여 그것을 적절히 담아낼 수 있다는 것을 여러분에게 보여주기 위한 것이다.

전문기관을 위한 법령의 중요성에 대한 상세한 내용은 『기록 관리 인프라 개발』과 『기록관리법의 모델』을 보라.

연습 5

주지하듯이, ICA의 윤리 헌장은 전 세계에 널리 이용된다. ICA 윤리 헌장을 어떻게 이용할지에 대한 정보는 5과를 보라.

연습 6

완전한 조직구조는 없다. 사실, '이상적인' 직원 구조는 없으며, 각 조직은 그 필요와 우선순위에 맞추어 나름의 시스템을 갖출 필요가 있다. 독자들이 그들 조직의 몇몇 영역에서 그 구조와 보고체계를 개선해야 한다는 사실을 발견할 수 있으리라는 것은 분명하다. 다른 과나 사무소의 기능과 업무를 분명히 하기 위하여, 다음 사항을 그림으로 그려 하나의 조직표를 만들 필요가 있다.

- 가장 효율적인 업무흐름이 이루어지도록 조직화된 핵심 기능과 업무
- 건설적인 의사 결정을 위하여 뒷받침되어야 할 권한 체계
- 실제 책무를 수행할 때 사람들이 따라야 할 어떤 비공식적이거나 '사실상 해야하는' 업무패턴

예상되는 직원 구성의 윤곽을 잡아 보라. 표본 구조와 독자들의 실제 조직 사이의 차이를 비교하면, 업무를 효율적으로 조직하기 위해 고려해야 할 요소가 많이 있다는 것을 알게될 것이다. 가장 효율적인 것은 어느 하나의 접근 방법이 아니라, 다양한 조직적 접근을 조합하는 것이다. 공식 구조가 이상적이지 못하다 하더라도, 비공식 패턴이 종종 '일이 되게 하는(getting the job done)' 역할을 할 수도 있고, 또 그것이 잘 활용될 수도 있다.

연습 7

보고서는 항상 유용하고 효과적이다. 보고서는 보고를 준비하기 위해서 만드는 것이 아니다. 가치 있는 보고서는 의도한 목표와 실제 행위를 연계시키고 무엇이 완결되었는지, 무엇이 아직 미해결인지, 문제의 업무를 완결짓기 위하여 어떤 자원(시간, 예산, 시설, 장치)이 들어가야 하는 지를 보여준다.

연습 8

수행평가의 목표는 업무활동에 투여된 시간과 노력의 양을 정확히 보여주는 지표를 확보하고, 가장 유리한 형태로 해당 프로그램을 보여주는 것이다. 예를 들어, 새로운 수집물에 대한 지표를 선택할 때, 전체 이관 양(volumn)보다는 개별 이관의 수(number)를 선택하는 것이 좋다. 왜냐하면 각각의 이관물(consignments)이 크든 작든, 기록보관이나 직원들의 업무로 보면 똑같은 비중의 일이기 때문이다. 아마 적은 양에 해당하는 다수의 소량 이관의 경우가 많을 것이다. 그러나 각각의 이관은 많은 업무량을 대변해준다. 마찬가지로 참고 업무에서도 처리된 문의 숫자보다 대출되었다가 재파일된 기록의 숫자가 더 좋은 지표이다.

연습 9

수익원을 고려할 때는 아래 사항을 염두에 두는 것이 중요하다.

1. 총수입의 산출은 법령상의 요구조건 뿐만 아니라 올바르고 권위 있는 공동체의 기대에도 부응하여야 한다. 예를 들면, 1987년 미국의 국립기록보존소는 거대 담배 회사로부터 미국 헌법에 대한 교육 장비 기금을 받았다는 사실 때문에 심각한 혼란을 겪었다. 국립기록청(NARA)은 후원자인 담배 회사의 이름이 어린이들에게 간접적으로 담배를 피우도록 할 수 있다는 이유로 그 장비를 파기 해야 했다.
2. 총수입계획 또한 효과적으로 산정되어야 한다. 즉 예산을 운용하는 데 포함되는 관리비용보다 훨씬 높아야 한다.
3. 현금만이 조직이 산출할 수 있는 유일한 세입은 아니다. 정기적인 기부금을 통하여 많은 것을 얻을 수 있다.

- 인적 자원이 투여하는 시간(personal time) : 기록 세척, 상자 만들기, 기록의 재편철과 재포장, 사본 제작, 이용자에 대한 조사 훈련 등을 돕는 자원봉사자
- 서비스 : 상자 나르기, 기록 인쇄, 사진 및 재생산 봉사
- 보급품 : 종이, 판지 상자, 탈산 콘테이너
- 설비 : 훈증기, 냉장시설

그러나, 일회적인 혹은 '선의'의 공헌은 핵심적인 기금활동에 대체할 그 무엇이라기보다는 보완 정도로, 새로운 동기부여를 시험하기 위한 일시적인 업무배치로 이해하는 것이 중요하다. 프로그램이 위태로와지면서, 기관이 미래에 충분한 기금을 모금할 수 없게 될 수도 있으므로, 핵심적이고 기본적인 업무를 기부금과 같이 '변동폭이 큰' 기금에 과도하게 의지

하는 일은 최소화해야 한다.

연습 10

독자들은 대부분의 기록관리기관에서 쓰고 있는 여러 종류의 다양한 변형 모델(variation)을 발견할 것이다. 이 연습은 사용되는 다양한 서식을 구별할 수 있도록 도와줄 것이다. 이 모듈을 통하여 여기서 제시한 서식을 참고하되, 차츰 각자 기관의 필요에 맞추어, 어떻게 변용하고 기록관리기관에서 서류업무 절차를 합리화할 것인지에 대한 나름의 견해를 갖추게 된다.

다음 서식과 등록부는 영구기록 관련실무에서 공통적으로 사용된다.

- 이관등록부
- 이관서식
- 영구기록 시리즈 등록부

효율적이고 효과있는 영구기록 관리의 목적은, 단번에 본질적인 정보에 대한 체계적인 접근법을 설계하고 그것을 필요한 기간만큼 관리함으로써, 미래에 다시 그 정보를 찾을 필요를 줄이는 일이다.

기록물 이관

제2과에서는 기록이 기록관리기관의 서고(또는 관할. custody)[5]로 옮겨져 처음의 확인 단계에서부터 마지막으로 영구기록보존소(archival repository)에 보관되기까지의 과정을 다룬다. 논의할 주제들은 다음과 같다.

1. 이관 시스템(the accessions system)
2. 영구기록 실물(archival material)[6]의 접수
3. 이관업무(accessions)의 처리과정
4. 정부기관 이외의 출처(sources)로부터 자료(material) 이관
5. 정부기관 이외의 출처로부터 기록(records) 수집
6. 복사본(copies)의 이관
7. 도서관 자료(library materials)의 이관

모든 기록은 평가를 통하여 그 기록을 처리할 방법과 시점을 결정하여야 한다. 일반적으로 만약 기록이 영속적인 가치가 있어서 보존하도록 평가·선별되지 않았다면 기록관리기관은 어떠한 자료도 받아들이지 않는 것이 원칙이다. 비록 영구기록문서고(archival custody)에 소장되어 있는 기록을 때에 따라 재평가하는 경우가 있을지라도(그리고 엄격한 테스트 없이 받아들였던 이전의 실물기록(earlier materials)을 재평가하는 일이 필요할지라도), 통상 재평가는 바람직한 기록관리실무가 아니며 비용도 많이 든다.

평가는 기록관리기관의 주요 기능 중 하나이다. 이 모듈에서 평가와 관련된 주제를 직접

---

5) 'archival repository'는 장소의 의미를 살려 '영구기록보존소'나 '영구기록서고'로 하였고, 'archival custody'는 장소의 의미가 짙을 때는 'archival repository'와 같게 번역하였고, 'the custody of archival institution'같이 장소로서의 '서고'와 행정적인 '관할'의 의미를 동시에 담는 경우는 맥락에 따랐다.(역주)

6) 2과에서, 'material'이란 '문서 자체', '실제 문서', '문서 실물'의 의미로 사용되었다. 어감으로 보면, 서류상으로 처리되는 것이 아니라, 실제로 '손에 만질 수 있는 문서'가 업무가 진행되면서 오고간다는 의미이다. 번역도 이러한 이해를 바탕으로 그때그때의 맥락에 따라 약간씩 바꾸어 하였고, 가능한 영어로 병기하였다.(역주)

적으로 다루지는 않았지만, 기록관리기관과 그 요원이 평가업무에서 핵심적인 역할을 담당한다는 점을 이해해야 한다.

평가에 관한 사항은 『기록평가시스템』을 참고하라.

평가를 거쳐 기록관리기관으로 이관된 기록은 영구기록이 된다. '아카이브즈(archives)'라는 용어는 이 시점에서부터 사용해야 한다.

제2과에서는 이상적으로 이루어질 논리적 순서를 전제로 이관업무나 절차를 다루게 된다. 현실적으로 이관은 종종 불규칙적이거나 상당히 빠른 간격으로 이루어질 것이다.

경우에 따라서는 분리된 여러 개의 이관작업을 동시에 관리할 필요도 있다. 이 과에서 설명하는 절차는 그러한 상황을 다루는데 좋은 틀(framework)을 제공할 것이다. 그러나 다음 사항을 강조하고 싶다.

- 자료관(records centre)과 기록관리기관(archival institution) 간에 올바른 협조가 이루어져야 하며,
- 소장기록관리를 책임지고 있는 전문요원(archivist)은 어떤 일이 진행되고 있는지에 대해 계속 파악하고 있어야 한다.
- 각각의 이관에서 그 과정과 관련하여 교류된 서류나 메모를 모아서 파일로 남겨야 한다.

1. 이관 체계

정부의 통치관련 법률이나 정책 그리고 기관의 사명문을 통해 기록관리기관으로 이관되어야 할 영구기록(archives)이 확인될 것이다. 문서과(records offices)와 자료관(records centres)으로부터, 또 합당한 경우에는 외부의 출처로부터 실물 기록(materials)이 기록관리기관으로 이관될 것이다. 그러므로 기록관리기관은 이 기록(material)을 수집, 처리하기 위한 적절한 정책과 절차를 정해야 한다.

문서과와 자료관에서 공적인 기록을 이관하는 일은 기록처리일정표(disposal schedules)와 자료관의 업무절차에 의해 이루어져야 한다. 기타 기록에 대한 수집계획은 기록관리기관 전체 프로그램의 한 부분으로서 수립되어야 한다. 어떤 유형의 기록을 수집해야하는지 구체적으로 정하고, 그것을 평가할 수 있는 기준을 세워야 한다.

정부기관으로부터 기록 이관

기록은 적절한 규정이나 정책에 따라 준비되었을 경우에만, 기록관리기관으로 이관해야 한다.

이관(Accession) : 기록관리기관이 정해진 때에 정해진 출처에서 공식적으로 수집한 기록(records)에 대한 기본 단위(the primary unit)

이관할 기록(materials)을 준비하는 일은 보통 자료관이나 기록생산기관의 책임이다. 영구기록실물(archival materials)은 아래에 나와있는 절차에 따라 준비한다.

1. 기록 정리(Arranging) : 파일, 권(volume), 묶음(bundles), 낱장문서(papers) 등을 검색하기 쉽도록 논리적 순서대로 배치하는 일
2. 기록의 물리적인 보호 : 수송할 문서의 모든 구성요소를 폴더나 콘테이너에 제대로 깔끔하게 쌀 것. 금속류로 된 클립과 상자 표지는 제거하고, 대신 플라스틱이나 황동 표지와 클립을 사용한다.
3. 기술(Describing) : 기록관리기관으로 이관할 때는 이관목록이 첨부되어야 하고 그렇지 않으면 인수서식에 기재되어야 한다. 이 때 기술은 반드시 간결해야 하지만, 기록(material)을 처음부터 통제 가능하도록 해주는 것이어야 한다.

이관기관, 자료관 그리고 기록관리기관은 모두 항상 무엇이 이관되었는지 정확히 기록해야 하며, 기록관리기관은 영구기록에 대해 어떤 후속조치를 할 것인지 기록을 작성해야 한다.

이관(Accessioning) 은 기록의 물리적인 이동인 동시에 소유권 혹은 책임의 이관이다.

기록관리기관은 항상 기관의 업무조치에 책임을 져야한다. 그럼으로써 영구기록이 이관, 인수(transfer and accessioning)[7] 도중에 안전하게 관리되었고, 그에 관한 서류는 정확하며 믿을 수 있는 것이라는 확신을 보존소 요원(repository staff)이 가질 수 있어야 한다(이관업무 내역

---

7) 'transfer'와 'accessioning'은 함께 사용될 수 있다. 다만, 본문에서는 전자가 '행위'에 초점을 맞추고 있다면, 후자는 체계에 초점이 있다. 즉 후자가 포괄적이다. 또 전자가 생산기관이나 자료관의 입장에서 하는 행위라면, 후자는 전문기관에서 발생하는 업무의 하나로 쓰인다. 이 경우에도 후자가 포괄적이다.(역주)

작성절차는 아래에서 논의한다). 이관은 종종 편리성을 고려하여 기록 컬렉션단위로 진행되기 때문에, 이관작업이 시리즈[8]와 같이 규칙에 따라 형성된 영구기록실물의 경우와 꼭 일치하지는 않는다.

정리의 여러 차원(Levels of Arrangement)

문서고에서 영구기록을 접수할 때는 그 기록의 원본질서(original order)와 출처(origins)를 확인해야 한다. 영구기록은 출처주의와 원본 질서의 원칙에 따라 여러 차원(levels)으로 조직된다. 정리의 기준에는 해당 기관(institution), 그룹(group), 하위그룹(subgroup), 시리즈(series)와 건(件. item)을 포함한다.

기록(records)과 영구기록(archives)의 상이한 차원을 구별하는 데 사용되는 이 용어(그룹, 하위그룹, 시리즈, 아이템)는 혼동을 일으킬 수도 있다. 예를 들면, 관련 기록에 대한 하나의 단위(assembly)를 가리키는데 사용하는 용어는 'item'뿐 아니라, 'file', 'unit', 'piece', 'file unit', 'unit of handling'도 있다. 'item'은 또한 그러한 단위를 구성하는 서류 하나 하나를 지칭하는데 쓰이기도 한다. 명확히 하기 위하여, 다음과 같은 용어와 정의가 이 학습 프로그램에서 사용될 것이다.

> *그룹(Group)* : 개별적으로 생산되는 조직의 단계에서 기록과 영구기록을 배열할 때의 최초 분류. 또한 영구기록군(archives group), 폰드(Fond), 기록물군(record group)

> *하위그룹(Subgroup)* : 그룹의 다음 단계에서 영구기록을 배열할 때 분리된 하위분류. 보통 그 자체의 기록물 관리 체계를 갖는 종속적인 행정단위의 영구기록

> *시리즈(Series)* : 한 조직이나 개인이 같은 기능이나 활동에 관련된 것을 묶어놓거나 생산, 수취, 이용에서 나타나는 공통된 형식 혹은 어떠한 관계를 갖는 파일과 기록물을 정리하는 기준

---

8) RG(record group) 내의 단위로, 우리 나라 현행법령으로는 단위업무가 이와 유사하다. 본고에서는 원어대로 '시리즈' 라고 번역한다.(역주)

파일(File)(1) : 같은 주제나 활동, 혹은 업무처리와 관련되기 때문에 현
용을 위해서, 혹은 기록의 정리과정에서 함께 모아놓은(보통 폴더 내에서)
기록의 조직화된 물리적 집합체. 파일은 보통 한 시리즈 내의 기본 단위이다.

아이템(Item) : 시리즈 내에서 배열과 기술의 기본적인 물리적 단위.
이것은 편(片. piece)이라고도 한다.

'institution'이란 용어는 기록을 소장하고 있는 기관을 언급하기 위한 기술(description: 기록
물의 내용정보를 충분히 파악하기 위한 작업)의 기준으로써 사용된다. 예를 들면, 국립기록
보존소(National Archives) 또는 기업기록보존소(Corporate Archives)와 같은 경우이다. 'item'이
란 용어는 정리의 물리적 단위를 논의할 때 영구기록을 다루는 조건에서 자주 사용되며,
본서에서는 정리와 기술의 기본적인 물리적 단위를 가리킬 때 사용된다. 'file'이란 용어는
문서과나 자료관에서 관리 단위(a unit of management)로 자주 사용된다.

표2와 표3은 정리의 여러 차원을 제시한 것이다. 표2에는 해당보존기관의 차원이 포함되
지 않았다는 것에 주목해야 하는데, 이는 관리적인 차원이며, 기록물이 소장되어 있는 장소
를 확인하는데 쓴다. 또한 표2는, 비록 문서과나 자료관이 이관된 기록의 목록에 나타나는
파일을 확인할 것이지만, 물리적인 기본 단위는 파일이 아니라 아이템으로 잡고 있음을 보
여준다.

정리 차원에 대한 정보는 3과에서 보다 상세하게 제공된다.

[연습 11]

가능하다면 여러분이 속한 기관의 경우를 들어서, 다음 용어들을 정의하고 최소한
2가지 이상의 예를 들어 보라.

1. 그룹(group)
2. 하위그룹(subgroup)
3. 아이템(item)

그리고 나서 표2와 3을 예로 삼아 그 예가 가시적으로 영구기록의 정리를 보여주도록
정리 단계를 나타내 보라.

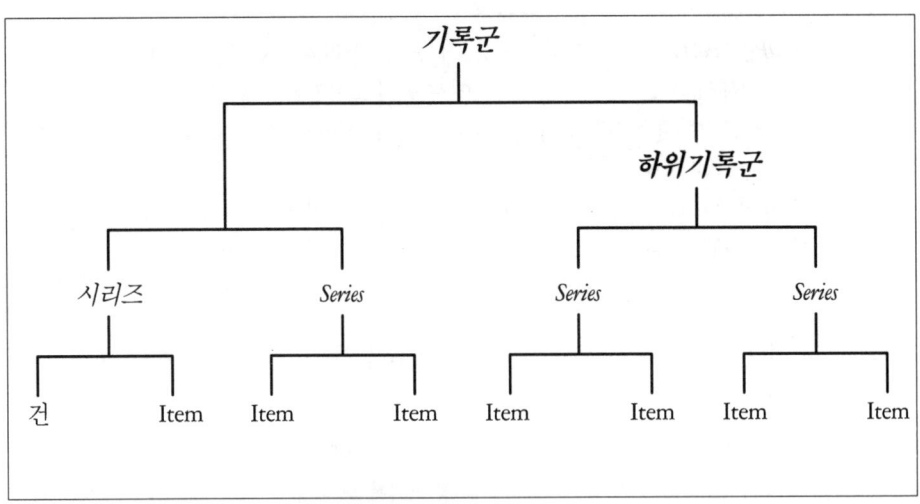

표2 : 정리의 여러 차원

차원(Levels)	예(examples)	
	정부(government)	법인(corporate)
기관 (institution)	율도국 국립기록보존소 (National Archives)	보존용품 회사, 율도국
그룹(group)	교육부 (Ministry of Education)	보존용품 회사. 율도국
하위그룹 (subgroup)	초등학교국 (primary Schools Division)	
시리즈 (Series)	학교 평가 (school assessments)	재정 기록(financial records)
파일단위 (file unit)	1967년 A구역 초등학교 평가 (Primary Schools District A assessment, 1967)	1996년 연간 재정 보고서 (annual financial statements, 1996)
아이템 (item)	1967년 1월, A구역 초등학교 평 가(Primary Schools District A assessment, January 1967)	1996년 4월 2일 결산공고 (balance sheet, 2 April 1996)

표3 : 정리와 기술의 여러 차원

보통 이관기록물(an accession)은 생산기관 중 한 군데서 만들어진 실물기록이 자연스럽게 모인 것으로, 그 기관이 자체 문서고에서 꺼내어 이관하길 희망하거나 자료관에서 이관될 예정인 기록을 말한다. 그 때 그 영구기록은 위에서 확인한 질서를 반영한다. 그것들은 특정 그룹(경우에 따라, 하위그룹)에 속해 있으며, 여러 아이템(items)으로 구성된 식별 가능한 시리즈로 나뉘어질 수 있다.

기록관리전문가는 각 이관 내용물을 서고에 소장된 다른 영구기록에 포함시켜야 하는데, 이때 이관 내용물에 따라 적절하게 그 기록들을 다뤄야한다. 아래에 3가지 특수한 상황을 개괄하여 보았다.

- 자료관 또는 생산기관으로부터 직접 받은 이관기록물이 해당 그룹이나 하위그룹 내의 기존의 시리즈에 속하는 추가기록일 수도 있다. 추가기록이 들어오면, 이 기록은 새로운 시리즈로 취급하지 말고 그것에 맞는 적당한 시리즈와 연결되도록 인수절차를 밟아야 한다.

추가기록(Accrual) : 기록관리기관이 이미 소장하고 있는 시리즈에 추가되는 수집기록물. 증가분(accretion)이라고도 함.

- 이관기록이 아직 소장되지 않은 그룹, 하위그룹 또는 시리즈에 속하는 영구기록으로 구성되어 있을 수도 있다. 이 경우 기록관리전문가는 인수서를 작성하여 이 기록을 새로운 그룹, 하위그룹 또는 시리즈로 분류한다.
- 이상적으로 생각하면, 이관기록물은 하나의 그룹 또는 하위그룹의 영구기록으로 구성될 것이다. 그러나 그 기록은 하나 이상의 시리즈에 속하는 기록을 포함할 수노 있다. 이런 상황은 문서고의 입장에서 볼 때, 상당한 과외 업무를 초래한다. 그러한 이관기록물의 처리 작업은 언제든지 가능하다면 바로 시행해야 한다. 복잡한 이관기록물을 기록하는 방법은 아래 이관 서식(accession form) 부분에서 다룬다.

[연습 12]

현재 기록물을 이관할 때 여러분의 기관에서 취하고 있는 과정을 간략히 설명하라. 그 절차를 개선하기 위해 취할 수 있는 3가지 단계를 구별하라.

이관서식(The Accessions Form)

기록관리기관으로 기록이 이관되는 모든 과정은 기록으로 남아야 한다. 이 기록 중 필수적인 것이 이관서식(Accession Form)과 이관등록부(Accession register)이다. 이러한 서류들은 법적인 가치를 가지므로 중요 기록물로서 안전하게 보관해야 한다. 그것도 종국적인 이관을 위하여 그 자체를 아카이브즈로써 영구보존하여야 한다.

기록을 이관하기 위한 각각의 계획과 그 후의 모든 조치가 하나의 이관 서식에 기입되어야 한다. 이 서식의 예는 표4와 같다.

기록관리기관의 권위 있는 대표자가 이관서식에 사인하고 나면, 그 기관은 기록의 보관, 보존 및 사용에 대한 책임을 져야 한다. 그리고 이제 반드시 적절한 기록보존 법령 조문과 그 기관의 규정과 절차에 따라 그 기록을 취급해야만 한다.

자료관으로부터 오든지 곧바로 정부 기관 또는 비정부 기관으로부터 오든지, 기록관리기관으로 들어오는 이관 기록물에 대한 이관서식이 있어야 한다.

각 시리즈에 더해질 추가기록(Accrual)이나 새로운 시리즈는 각기 다른 이관서식이 필요하다. 이 방법대로 하면 인수받은 시리즈에 대한 완전한 목록을 이관 서식철(file)에서 파악할 수 있을 것이다.

새로운 기록의 이관에 관한 모든 단계가 끝날 때까지, 이관서식을 능동적으로 활용하는 것이야말로 훌륭한 실무태도이다. 예를 들면, 이관서식에는 언제 적절한 지침사항(guide entry)과 아이템 목록(item list)이 완성되었고 배부되었는지를 나타내 주는 항목이 포함되어야 한다. 만일 모든 업무가 완성될 때까지 이관서식이 파일로 작성된다면,[9] 안내책자를 생산하지 않은 채 영구기록(archival materials)을 한쪽에 그냥 방치해 놓을 위험성은 줄어들 것이다.

이관서식은 보존소의 도서관에 들어갈 다른 자료나, 기록관리기관이 취득한 장비나 소모품에 쓰이는 것이 아니다. 이러한 물품은 다른 절차에 따라 관리된다.

만약 기록물이 자료관이나 생산기관에서 온다면, 그 기록물이 도달하기 전에 기록보존소 요원이 시리즈 번호와 아이템 번호를 결정할 수 있는 경우도 있을 것이다. 그 경우에는 완벽한 영구기록 참고코드(시리즈 번호와 아이템 번호)가 이관서식에 곧바로 기입될 수 있다.[10]

---

9) 원문(p.37)에는 'not file'로 되어 있는데, 이렇게 하면 문맥이 맞지 않는다. 그래서 'file'로 번역하였다.
10) 영구기록참고코드는 현행 법령상 '관리번호'에 해당한다. 새로운 법령에 따라 이관될 건과 철에는 각각 고유한 ID가 붙게 된다. 그러나 이 건과 철의 ID는 관리번호와 상관이 없다. 이 점은 현행법령에 기록관리의 핵심인 '정리'의 영역이 고려되어 있지 않기 때문인데, 본서 제3과에서 다시 논의한다.

> **영구기록참고코드(Archival reference code)** : 자료들을 파악하고 통제하기 위해 그룹, 시리즈와 아이템에 배분되는 문자와 숫자의 조합
>
> **아이템 번호(Item number)** : 아이템을 파악하고 통제하기 위해 그것에 할당되는 번호
>
> **시리즈 번호(Series number)** : 시리즈를 파악하고 통제하기 위해 그것에 할당되는 번호

한편, 영구기록이 도착하기 전에는 그것이 어떤 시리즈에 속할 지 명확하게 규정할 수 없는 경우가 있다. 그럴 경우 최선의 처리방법은 우선 표지 이관서식(covering accession form)을 첨부하여 단일 이관기록물로 취급하다가, 이관된 뒤에 그것들을 원래의 다른 시리즈로 분리하는 것이다. 이렇게 한 후에 영구기록 참고사항(archival references)을 추가할 수 있고, 또 처음의 이관서식과 상호비교 (cross - referenced)할 수 있는 각 시리즈의 새로운 이관서식이 완성될 것이다.

마찬가지로 영구기록이 외부 출처(source)에서 와서 문서고 담당 요원이 이관 전에 그 내용을 분석할 수 없다면, 그들은 자료의 성격을 확인하고 자료를 다른 것과 구별하기 위해 충분한 정보를 줄 수 있는 추가기록물 전체에 대한 이관서식을 완성해야 한다. 영구기록 참고사항은 나중에 추가하면 된다.

이 추가적인 작업은 시간 낭비일 수도 있지만, 이관기록물에 대한 사항을 적절히 문서로 작성해 놓는 일을 실패한다면, 해당 영구기록을 정리하고 기술할 때 큰 어려움을 겪을 것이다.

이관등록부(The Accessions Resister)

이관등록부란 기록관리기관이 영구기록에 대한 책임을 맡았다는 사실과 영구기록의 관할이 기록관리기관으로 옮겨간 사실을 기록한 공식 서류를 말한다. 이관등록부에 포함되어 있는 정보는 다음과 같으며, 각 항목에 기록한다.

- 이관 번호
- 인수 날짜
- 영구기록의 세부사항(시리즈 번호, 제목 또는 기술, 기록물이 포괄하는 기간, 상자 수, 혹은 수량)

- 출처, 이관한 기관 혹은 기탁자(기증인)
- 영구기록 참고사항
- 비고(규정상의 다양한 비공개 기간 포함)
- 처리가 끝난 날짜

표5는 영구기록 이관등록부이다.

등록부(register)는 기록관리기관 내부의 관리 도구로 이용하도록 작성된 것이다. 등록부는 분류 정보(보존위치 같은)를 포함하지 않기 때문에 해당 기록이 공공 열람에 공개되어 있는 한에서 필요하다면 연구자는 등록부를 이용할 수 있다.

이관등록부는 명료하게 라벨을 붙이고, 안전하게 보관해야 한다. 이관등록부는 기록관리기관의 중요한 기록이다. 이관등록부가 꽉 차면, 그 자체가 영구기록으로서 영구보존을 위해 이관되어야 한다.

이관등록부에 있는 각각의 기입사항에 독립된 이관 번호가 할당되어야 한다. 등록부는 매년 1월 '1'에서 다시 시작하는 연도/번호의 형식이어야 한다. 예를 들어, 1998년에 첫 이관은 1998/1이 되며, 두 번째 이관은 1998/2가 된다.

이관등록부의 첫 번째 기재사항은 영구기록이 도착한 후 바로 작성해야 한다(되도록이면 도착한 날에, 늦어도 5일 안에). 그래서 그 기록의 관할에 대한 공식적인 이전이 문서로 작성되고, 거기에 어떤 문제점이 있으면 그 기록을 보낸 기관과 협의하게 된다. 이것이 제대로 된 영구기록 실무이다.

이관에 취해진 조치가 언제 완결되었는지 날짜를 기입하여 미결 업무에 대한 정확한 상황을 어느 때라도 파악할 수 있도록 하는 것이 중요하다. 일단 그 기록이 문서고에 배치되고 나면, 영구기록을 시리즈로 할당하거나, 시리즈 목록을 만드는 것과 같은 미결 업무를 지나치기가 매우 쉽다.

문서고 요원은 한 달에 한 번 어떤 이관에 미결 업무가 있는지 살펴보고 합의된 기한까지 완결짓도록 계획을 세우기 위하여 이관등록부를 점검해야만 한다.

> *가능한 한 반드시 영구기록을 인수한 후 1년 이내에 이관에 관한 절차를 완전히 처리하고 모든 미결 업무를 완성하도록 해야 한다.*

기록을 시리즈에 할당하고 최종적인 시리즈 목록 정리를 포함한 모든 이관업무처리가 완결될 때까지는 이관등록부의 '조치완료' 항목에 서명해서는 안된다.

[연습 13]

이관서식이나 이관등록부의 표본을 검토하기 전에, 여러분이 이관등록부에 포함되어야 한다고 생각하는 5가지 정보를 말해 보라. 왜 5가지 정보가 중요한가?

영구기록 이관서식(Archives Accession Form)

이관번호(Accession Number):   이관자(Depositor):

이관한 기관(Transferring Agency):
이것은 자료관에서 이관한 것인가?

(Is this a transfer from the records centre?)   네 □   아니오 □

생산 기간(Covering Dates):
이 시리즈에 더 추가될 항목이 있는가?   네 □   아니오 □

(Will more items be added to this series?)

양(아이템 혹은 상자 수)(Quantity(number of items or boxes)):
물리적 형태(철, 권 등)(Physical Type(files, volumes etc..)):

물리적 상태(문제점을 기입)(Physical Condition(note any problem))

기록은 법정 비공개 기간이 지난 후에 공개될 수 있는가?(먼저 혹은 나중에 공개되어야 할 개별 기록을 명기하라)(Can Records be Opened After[statutory closed period]? (Specify any items to be opened earlier or later))

추가 정보(사진, 지도, 동전 등과 같은 특별한 자료를 포함하고 있거나, 빠뜨렸거나 보유 하고 있는 아이템을 기입(Further Information(note any items missing or retained, or containing special materials such as photographs, maps, coins, and so on. Note here any special conditions of transfer applying to records from external sources)):

기록관리기관으로 이관 요청(Proposed for transfer to Archival Institution by)
이름(Name):
기관/기탁인/자료관 대표자의 지위(Position of representative of agency/depositor/records centre):
날짜(Date):

기록관리기관으로 이관 수락(Accepted for transfer to Archival Institution by)
이름(Name):   지위(Position):
서명(Signature):   날짜(Date):

표4 : 영구기록 이관서식(1)

전문요원이 취할 조치 점검목록
(Checklist of Action to be Taken by Archives Staff)

조치(Action)	성명(Initial)	날짜
영구기록 점검(Archives checked)		
영구기록 라벨화(Archives labelled)		
영구기록 목록화(Archives listed)		
영구기록 포장(Archives boxed)		
상자 라벨화(Boxes labelled)		
이관등록부에 이관 세부사항 기재(Accession details entered in accessions register)		
비공개기록의 색인에 들어간 항목 – 비공개 연기에 해당하는 아이템(Entries made in index of closed documents – items subject to extended closure)		
문서고에 영구기록 입고(Archeves put in repository)		
위치등록부에 위치 기재(Location entered in location register)		
문서고 서가계획 업데이트(Repository floor plan updated)		
아이템 리스트 배포(Item list distributed)		
편람 개정(Guide updated)		
색인화 완료(Indexing done)		
조치 완료(Action completed)		

표4 : 영구기록 이관서식(2)

영구기록 이관등록부(Archives Accession Register)						
이관번호	인수날짜	인수기록 세부사항	출처 혹은 기증자	영구기록 참고사항	비고	인수자 서명과 날짜

표5 : 영구기록 이관등록부

이관서식과 등록부의 관계(Relating the Accessions Form and Register)

이관등록부에 등록하기 전에, 기록관리전문요원은 그 이관기록물이 이관서식(준비된 다면, 목록도)에 기재된 것과 다르지 않은지, 그리고 이관이 완벽하게 이루어졌는지 체크 해야 한다. 만약 어떤 항목이 빠졌거나 설명되지 않았다면 기록관리전문요원은 자료관이 나 생산기관, 혹은 기증인과 즉시 연락을 취해야 한다.

기록관리전문요원은 또 모든 이관기록물이 이관등록부에 등록되도록 하고, 또 각 이관양 식에 상응하는 등록부에 등록이 되도록 해야 한다. 이관등록번호는 이관등록부가 작성되고 나서 이관서식에 기재되어야 한다.

2. 영구기록의 인수(Receiving Archival Materials)

공공부문의 출처에서 이관되는 기록은 현행 기준에 따라서 자료관이나 이관하는 기관이 준비해야 한다.

만약 기록이 자료관에서 온 것이라면 자료관 요원이 아래와 같은 준비업무를 해야 한다.

- 폐기 일정에 따라 이관할 것에 대한 평가와 선별
- 기록 세정과 정돈

- 기록물을 녹슬게 하거나 손상시킬지 모르는 철을 함유한 핀, 클립, 스태플, 부전(附箋, treasury tags) 등을 제거하고 대신 플라스틱이나 황동 같은 비철금속으로 대체
- 이관하기 위해 선별되었지만 현재 빠져있거나, 법적으로 이관할 기관이 보유하고 있는 자료를 대신할 간지(間紙, dummy)의 삽입

간지(Dummy)): 한 아이템이 통상적으로 보관되어 있던 곳이나 그 근처에 그 기록이 없음을 표시하기 위해 놓아둔 카드나 종이, 또는 다른 표지.

- 필요한 확인 정보를 담아 기록에 라벨링(라벨링에 대해서는 나중에 더 상세히 논의된다)
- 포장(boxing)
- 목록화(본래 기관의 파일수와 제목, 생산 기간(covering date)을 보여주는 최소한의 요약 목록)
- 이관서식에 해당하는 부분 작성

자료관 책임자는 기록보존소로 기록물을 보내기에 앞서 요약 목록, 이관 목록, 이관서식을 먼저 보내고, 기록인수인계에 편한 날짜를 잡아야 한다.

만약 기록이 자료관이 아닌 생산기관에서 직접 온 것이라면 기록관리담당자(records management staff)가 똑같은 준비작업을 해야 한다. 이관(transfer)을 준비하는 직원은 사전에 기록보존소와 인수인계(delivery) 날짜와 시간을 정해야 한다.

정부 외의 출처나 개인에게서 오는 영구기록은 기록보존소에서 수취하기에 앞서 정리, 또는 목록화되지 않았을 가능성도 있다. 그린 경우 기록보존소 직원은 그 기록이 기록보존소에서 배치되기 전에 평가과정을 거치도록 조치하고 물리적 준비가 끝나도록 해야 한다.

> 새로 이관된 기록물은 이관 상황을 보여주고 그 내용을 확인할 수 있도록 아주 간결하게라도 가능한 한 신속하게 기록되고 처리되어야 한다.

어떤 영구기록이든 기록관리기관에 도착하면 기록보존소 요원은 바로 다음의 행동을 취해야 한다.

- 영구기록에 해충 피해 또는 곰팡이 흔적이 있는지 확인하고, 만약 아직 해를 입지 않은

이관기록물과 접촉하기 전에 처리가 필요하다면 보존부서(preservation department)에 통보한다.
- 영구기록에 적절하게 라벨이 부착되었는지 점검한다.
- 새로운 이관기록을 위해 마련된 안전한 임시 서고에 기록을 둔다.
- 서류가 이들 기록에 관한 것인지, 모든 아이템이 들어 있는지 확인하기 위하여 이관서식, 이관목록 혹은 요약목록과 기록을 대조하여 검토한다.
- 이관서식을 공개하되 만약 공개된 적이 없다면 영구기록을 보낸 기관의 대표자로부터 서명을 얻어야 한다.
- 이관등록부에 새로 이관된 것임을 확인할 수 있도록 신규사항을 등록한다.
- 기록을 보낸 기관에 기록 이관에 관한 증거기록을 보관할 수 있도록 이관 수령증을 전달한다.

[연습 14]

위에서 제시한 각 단계에 대하여 여러분의 기관에서는 이러한 업무를 하는지, 한다면 어떻게 하는지 서술하시오. 만약 하지 않는다면, 이러한 작업을 시작해야 하는지, 해야 한다면 왜 해야 하는지를 간단히 지적해보시오.

---

3. 이관 절차 (Processing Accessions)

이관절차에는 기록을 적당한 기록군, 필요한 경우에는 하부기록군, 그리고 시리즈별로 정리하고 참고코드(reference code)를 부여함으로써 기록이 모든 단계에서 관리될 수 있도록 하는 일이 포함된다.

이관은 기록(records)에 대한 행정적, 물리적 통제를 수반한다.

새롭게 이관되는 기록이 원래의 하부기록군과 시리즈로 분류하는 과정을 거치지 않았다면 이 과정을 거쳐야 할 필요가 있다. 기록(records)에 대해 간결하지만 포괄적인 설명을 이관등록부에 기입하여야 한다. 이 단계를 '이관 중(processing)'이라고 한다.

정리의 여러 차원(Levels of Arrangement)에 대한 개념은 앞에서 설명했고, 제3과에서 더 자세히 개설하게 된다. 완벽한 정리는 이관과정 중에 끝나는 것이 아니지만, 출처와 원본질서를 보호하기 위한 정리의 여러 차원을 이해하는 것은 중요하다.

기록이 이관될 때 기록보존소는 기존의 시리즈에 추가할 것인지 새로운 시리즈에 둘 것인지 결정해야 한다. 기록군과 시리즈 등록부는 기록관리기관에서 보존하고 있는 기록의 기록군, 시리즈, 건(items)에 대한 종합 기록(master record)이다. 새로 수집된 기록의 기록군 또는 시리즈에 대한 정보는 이 등록부에 업데이트되어야 한다.

만약 이관기록이 새로운 시리즈를 이룬다면, 기록보존소는 기록군 또는 하부 기록군 안에 사용 가능한 다음 시리즈 번호를 할당하고, 시리즈 등록부에 세부사항을 기입해야 한다. 만약 그 시리즈가 새로운 기록군의 첫 번째 것이라면, 새로운 기록군의 식별 코드도 할당되어야 할 것이다. 숫자 '1'로 시작하는 건번호(item number)도 할당될 것이다. 원래의 파일 번호가 설혹 있다고 하더라도 그것은 여기에 사용되어서는 안된다.

만약 기록(materials)이 기존의 시리즈에 덧붙여지게 된다면, 첫 건에는 남아 있는 다음 번호를 준다. 이 번호는 영구기록군(archives group)과 시리즈 등록부에서 받고, 기록군과 시리즈 등록부는 새로운 마지막 번호를 알 수 있게끔 업데이트된다.

목록은 기록관리기관에서 영구기록의 각 시리즈마다 만든다. 이 목록은 문서고 관리를 위한 소장 목록(inventory)의 기능을 할 뿐 아니라, 이용자가 보고자 하는 기록 파일 또는 건에 대한 참고사항을 찾게 해주는 도구의 역할을 한다.

기록군과 시리즈 등록부는 3과에서 더 자세히 설명한다.

원래 자료관 또는 생산기관이 기록을 이관하기 전에 원래 기관의 파일 번호와 제목 그리고 각 건이 포괄하는 기간 등이 들어 있는 요약 목록을 준비해 놓는 것이 이상적이다. 그런 경우에는 기록관리기관의 전문요원은 다음의 사항을 수행해야 한다.

- 이 목록이 적절한 영구기록의 검색도구의 기능을 할 지 체크한다.
- 필요한 개선책을 강구한다.
- 영구기록 참고코드를 첨가한다.
- 영구기록 참고코드가 딸린 라벨을 각 건에 붙인다.
- 이관 서식과 등록부에 영구기록 참고코드를 추가한다.

만약 이관하는 기관이 요약 목록을 준비하지 않았다면 기록관리기관의 직원은 다음의 사항을 수행해야 한다.

- 영구기록을 실제로 준비한다.
- 영구기록 참고코드와 기관 파일 번호로 해당 기록을 목록화한다.
- 영구기록 참고코드와 포괄기간 라벨을 기록에 붙인다.
- 만약 필요하다면 '~까지 비공개'(closed until)라는 라벨을 덧붙이고(아래에서 논의)
- 각 건을 박스에 담아 박스에 라벨을 붙이고
- 영구기록 참고코드를 이관서식과 등록부에 덧붙여야 한다.

전문요원은 교정 및 수정을 거친 타이핑된 최종 목록을 정리해야 한다. 마스터 카피(master copy)는 안전하게 보관해야 한다. 사본을 만들어 다음과 같은 곳에 배포해야 한다.

- 책임있는 생산기관
- (해당 영구기록이 공개되는 것이라면) 공공의 열람을 위한 열람실
- 업무나 참고 사본을 통하여 민원에 응하는 전문기관의 요원

담당자는 필요에 따라 기록군과 시리즈 등록부를 업데이트해야 한다. 그들은 시리즈가 새로운 것이라면 시리즈의 기술을 준비하고, 필요하다면 기존의 기술을 수정한다. 새로운 정보가 있다면 무엇이든 그것이 현재 사용하고 있는 모든 사본에 첨가되어야 기록군이나 시리즈 등록부가 최신 자료로 기능할 수 있다.

예를 들면, 예외적인 상황에서 이관기록이 크고 복잡하다면 신속한 정리(arrangement)와 목록화(listing)가 불가능할 수도 있다. 그 경우 이관 번호를 부착하여 박스 및 라벨 작업을 해야 할 것이고 이관에 관한 모든 다른 조치도 취해야 한다. 그렇지만 이 이관이 이관 등록부에 완결된 것으로 표시되어서는 안된다. 그래야 전문요원이 해야할 작업이 남아있음을 알 수 있다. 그 작업은 특별한 계획으로서 업무 프로그램에 포함되어야 한다.

[연습 15]

여러분의 기관에서는 평균적으로 얼마나 빨리 새로운 자료가 이관되는가. 이관 절차를 빠르게 하고, 서식과 등록부에 가능한 한 최신 자료가 실리게 할 수 있는 3가지 방법을 생각해보시오.

기록군과 시리즈 등록부		
기록군 코드: 기록군 제목:		
시리즈 번호	시리즈 제목	최종 건(item) 번호와 양

표6 : 기록군과 시리즈 등록부

새로운 이관기록의 보관(Storing New Accessions)

이관된 모든 기록이 그 보존에 도움이 되고 가능한 한 신속하게 활용될 수 있는 안전한 시설로 옮겨져야 한다는 것은 영구기록 관리의 기본이다.

일단 영구기록을 깨끗하게 만들고 라벨을 붙이고 목록을 작성하고 박스에 담아 점검이 끝나면, 보관장소로 옮길 쥬비가 된다

대부분 영구기록은 표준 보관 컨테이너에 맞는다. 박스화란 기록을 포장하는 것과 그 박스에 기록 참고사항이 기재된 라벨을 부착하는 것을 의미한다. 이때 너무 단단하거나 느슨하지 않게 포장해야 한다.

때로는 사이즈나 형태가 다르거나, 사용할 만한 박스가 없어서 영구기록을 포장하지 못할 수도 있다. 이 경우 기록관리기관에서는 기록을 다발로 포장할 수 있도록 정리하고, 박스 대신 보호용 표지로 싸야 한다. 보통 기록다발은 좋은 질의 종이로 감싸고, 끈 또는 표백하지 않은 면 테잎으로 고정시킨다. 기록다발은 박스와 같은 방법으로 기록 참고코드 라벨을 붙여서 포장된 것이 무엇인지 명확하게 해야 한다.

기록(records)은 보통 시리즈로 보관한다. 이런 정리 방식에서는 한 시리즈의 전체는 가능한 함께 보관해야 한다(한 기록군에 속하는 시리즈 모두를 함께 보관할 수 있는 경우는 거의

없다). 때로는 한 자리에 한 시리즈 전체를 보관하는 것도 실제로 쉽지 않다. 그럴 경우 시리즈는 몇몇 장소로 분리 보관될 것이다.

그러나 만약 이관기록이 새로운 건 번호 블록에서는 물론 이전의 이관기록에서도 빠진 건을 포함하고 있다면, 이전에 빠진 건은 건 번호 순으로 정확한 장소에 넣어야 하고 간지는 없애야 한다. 만약 숫자 공백이 남아 있지 않고 간지가 끼워져 있다면, 해당 시리즈 안에 다음 사용가능한 건 번호를 부여하고, 이 번호에 대한 상호대조 참고표(cross - reference)를 시리즈 목록의 적당한 곳에 만들어야 한다.

비공개기록 보관(Storage of Confidential Archives)

일반법령 기간보다 더 오랫동안 기밀로 유지되어야 하는 영구기록을 위해서는 특수한 정리방식이 마련되어야 한다. 장소가 어디든지 그런 기록(items)은 특별히 서고의 안전한 곳에 보관해야 한다. 이는 전체에 대하여 비공개 기간을 연장하거나 문건 전체를 비공개 해야 할 페이지나 개별 기록을 포함하고 있는 아이템을 취급할 때 가장 좋은 방법이다.

한 아이템에서 어떤 부분은 열람이 허용되지만 다른 부분은 안되는 경우, 심의 기구를 구성할 수 있는 절차 규정이 있어야 한다. 그 아이템의 비밀부분은 일시적으로 떼어낼 수도 있고 분리된 폴더에 보관할 수도 있다.

'비공개기한(closed until)'을 적어서 공개될 년도를 확인할 수 있는 특수라벨을 각 아이템에 붙여야 한다. 이 상자나 기록다발에 통상의 법적 기한보다 오래 열람이 제한되는 아이템이 들어 있으며 또 얼마동안 비공개라는 것을 알려주는 추가 라벨을 부착해야 한다.

특수한 비공개 기간과 관련해서 일반적인 비공개 연한(예를 들면 30년)인 기록과는 다른 색상의 라벨로 '비공개 기한(closed until)'을 표시하는 것이 유용할 것이다.

기밀기록 보관(Storage of Classified Archives)

만약 이관기록 중에 기밀이거나 특히 민감한 아이템이 포함되어 있다면, 보존소에서 특별히 안전한 지역에 두어야 한다. 이 지역은 보통 통제구역(strongroom)으로 지정된다. 그러한 문건을 찾을 수 있도록 하기 위해서 기록관리기관에서는 다음과 같은 방법을 채택해야 한다.

- 서고위치 등록부에 이러한 문건을 위한 별도의 기재사항을 만들어야 한다.
- 안전 보관지역 내에서 이러한 문건의 위치를 전문요원이 잘 알 수 있도록 그 자리에 간지를 끼워 넣어야 한다.

기록 위치의 확인(Identifying the Location of Records)

자료들이 보존을 위해 서고에 배치되면 위치등록부에 그들의 위치가 기재되어야 하고, 문서고 평면도에는 그 서가에 더 이상 공간이 없음을 보여주도록 업데이트되어야 한다.

문서고 평면도의 샘플은 『기록보존소의 기록관리 업무편람』을 보라

일단 기록이 문서고에 배치되고 위치 등록부에 기재되어 목록이 완성되면 주요한 이관 절차는 끝난다.

이관(Acession)의 완결

이관절차의 마지막 조치는 모든 업무가 수행되었고 모든 관련 내역서(documentation)가 완성되었음을 확인하는 일이다. 위에서 말한 모든 조치들이 끝났을 때, 권한을 가진 보존소 담당직원이 이관서식에 서명하고, 기록 참고 (시리즈) 번호와 이관 번호에 따라 파일링 한다. 이 파일은 기록 참고코드 순서로 소장 기록에 대한 하나의 기록(a record)을 구성한다. 이관등록부는 소장된 기록물에 대한 기록을 인수증의 날짜순으로 제공한다.

기록이 최종 보관지역에 놓이게 될 때까지 그 기록을 쉽게 확인할 수 있도록 이관서식의 사본을 기록물과 함께 놓아두어야 한다.

문서고 직원은 완성된 이관서식사본을 자료관 및 생산기관에 보내야 한다. 만약 자료들이 정부기관 외의 출처에서 온 것이면 그 기탁자가 그 서식 사본을 받는다.

최종 시리즈목록의 사본도 그것이 완성되자마자 기록의 최초 생산자에게 보내어, 기관이나 개인이 그 기능이나 역할과 관계된 영구기록의 모든 세부사항을 알 수 있도록 해야 한다.

영구기록의 최초 생산자가 기록관리기관과 직원의 안전의식과 판단력(discretion)을 신뢰할 수 있어야 한다. 기록관리기관은 공공열람이 금지되어 있는 기록에 대한 이관서식이 일반에 노출되지 않도록 해야 한다. 그러나 열람할 수 있는 기록에 관한 서식들은 공개해야 할 것이다.

4. 외부출처로부터의 기록물 수령

기록관리기관이 정부 외의 기관으로부터의 기록이관에 어떻게 간여하는 지는 해당 입법과 정책, 기록관리기관의 사명에 대한 언표, 그리고 관련 법령을 통하여 나타난다.

법령과 규칙의 목표는 사회에 가치 있는 영구기록이 보존되도록 보장하고 그 이용을 위한 적절한 연구 설비가 제공되도록 보장하는 것이다.

비정부 기록의 원 생산자나 소유자들도 여기에 관심을 가지고 그 기록의 처분과 사용에 대한 모든 법적 권리를 포기해서는 안 된다. 그들은 기록관리기관으로의 이관과 그 사후처리에 관하여 자문하게 된다.

기록의 생산자는 기록관리기관에 그들의 기록을 기탁할 때 어떤 방법으로 그 기록에 대한 소유권을 유지하고 이용에 대해 어느 정도의 제한을 유지할 지 선택해야 한다.

위탁(Deposit) : (1) 법적 명의의 양도 없이 기록관리기관의 문서고(custody)
에 기록을 가져다 놓은 과정
(2) 그런 서고배치에 포함된 기록류(documemts)

기록관리기관이 그 관할 하에서 기록을 관리하기 위하여, 전문기관의 대표자는 위탁자와 위탁의 조건에 대해 협의해야 한다. 이 조건들은 이관서식이나 위탁자와 기록관리기관 측에서 서명한 협약서에 명기되어야 된다. 이 조건에서는 다음과 같은 문제에 대하여 언급하게 된다.

- 기록물의 소유권을 위탁자가 유지할 것인가, 아니면 기록관리기관에 양도해야 하는가.
- 평가는 양도 전에 할 것인가, 아니면 후에 해야 할 것인가; 최종 평가 결정권은 누구에게 있는가; 영구보존의 가치가 없는 것으로 간주되는 기록은 어떻게 할 것인가.
- 기록관리기관에서는 어떤 수준의 공공열람을 제공할 것이며 어떤 제한을 가할 것인가.
- 연구자에게 사본을 제공할 것인가; 누가 저작권을 갖고(저작권이 반드시 위탁자에게 속하지는 않을 것이다), 누가 출판권을 가질 것인가.
- 누가 판권을 포함한 검색도구의 사용과 출판에 대한 권한을 갖는가.
- 영구기록을 전시할 수 있는가, 어떤 조건에서 가능한가.

기록관리기관은 위탁자가 기록관리기관으로부터 기록을 반환해갈 경우, 처리 비용 보상에 관하여 위탁자와 약정을 맺을 수 있고, 또 이는 필요한 일이기도 하다. 무엇보다도 기록관리기관은 기록의 저장, 보존, 정리와 기술에 상당한 비용을 감당해야 한다. 반대로 위탁자는[11] 기록이 기관에 있는 동안 처리와 저장을 위한 필요한 재원을 부담할 수도 있다.

만약 고려 중인 기록이 다른 기록보존소에 소장된 원본의 사본이라고 한다면, 기록관리기관은 위의 기간과 조건에 대하여 위탁자뿐만 아니라 다른 기록보존소들과도 협의 확정해야 한다.

기록의 완전한 최종 이전과는 달리, 위탁물의 협상에 관련된 업무는 항상 권리가 보장되어 있는 것은 아니다. 그러므로 기록관리기관은 가능하면 기록물의 모든 소유권을 획득하도록 노력해야 된다.

비정부 출처로부터의 위탁 기록물은, 여러 번의 위탁을 통하여 하나의 특정한 기록군을 이루는 경우도 있겠지만, 여러 기록군에 걸치는 것이 보통이다.

외부 출처로부터 기록이 이관될 때, 이관 절차에는 두 단계가 있다.

1. 기록의 성격과 소재를 확인한다. 이 단계는 어느 정도의 연구와 개괄적인 프로그램에 이은 초기 계획을 포함한다. 이 일은 그 곳에 가서 인수 조건을 협의하는 데서 끝난다.
2. 이관을 위한 기록물(materials)의 준비. 이 단계에는 기록의 정리와 기술, 세척, 물리적 준비, 박스에 넣기, 포장이 포함된다.

기록 생산자가 공식적인 기록관리 프로그램을 따르지 않았을 것이기 때문에, 기록관리기관은 예비절차의 얼마 또는 전부를 생략해야 하는 경우도 있고, 기록이 도착했을 때 그 기록을 처리하기 위한 다른 준비를 해야 하는 경우도 있다.

[연습 16]

비정부 출처로부터 기록물수집을 고려할 때 필요한 6가지의 기간과 조건들을 설명하라.

---

11) 본문에는 'director'로 되어 있는데, 문맥으로 보아 여기에는 'depositor'가 와야 한다.

5. 사본 이관(Acessioning Copies)

이것은 다른 곳에 보관된 기록 원본의 사본을 수집하기 위한 기록관리기관 프로그램의 일부분이다. 전문기관이 원래의 출처(original sources)로부터 기록해두고자 하는 국가 관련 중요 정보를 담고 있는 기록이 있을 경우에, 대개 사본을 찾게 된다.

다른 문서고에 보관된 원본 영구기록의 마이크로 필름과 사본은 원본과 같은 방법으로 수집되어야 한다. 전문요원들은 이런 사본들을 보존하기 위한 특수한 기록군을 설정해야 한다. 그리고 나서 이 기록군 안에서 시리즈와 아이템 번호를 부여할 수 있다. 이 기록군과 시리즈에 대한 기록의 증가분(accruals)는 원본 영구기록의 기록군과 시리즈에 대한 기록 증가분과 마찬가지 방법으로 이루어진다. 예를 들면,

- AX 1 런던, 공공기록보존소(PRO)에서 온 영구기록 사본
- AX 2 워싱턴, 국회도서관에서 온 영구기록 사본

기록은 영구기록 편람에 리스트를 만들고 기술하며, 사본이라는 점을 분명히 표시해야 한다.

전문기관 자체에서 보관되고 있는 원본 영구기록의 마이크로 필름과 다른 사본들은 원본처럼 이관해서는 안된다. 그것은 기록 사본 등록부에 등재되어야 한다. 사본 등록부(The register of copies)는 다음과 같은 각 기록군 내의 영구기록 사본 세부사항을 포함해야 한다.

- (원본) 영구기록 참고
- 필름 번호(각 릴에는 시리즈 내에서의 간단한 관리번호(running number)를 부여한다)
- 사본 형태(마이크로 필름, 네가티브 사진원판)
- 위치

[연습 17]

여러분의 기록관리기관은 현재 기록의 사본을 수집하는가? 이 자료가 어떻게 여러분의 기관에 수납, 이관되는지 설명하라. 사본의 이관 절차를 향상시키기 위해 취할 수 있는 3가지 조치를 생각해 보라.

영구기록 사본 등록부			
기록군 :			
원본의 참고번호	아이템 번호	사본의 형식 및 사본 번호	위 치

표7 : 영구기록 사본 등록부

6. 도서관 자료 이관(Accessioning Library Materials)

나라에 따라서 기록관리기관(특히 국립기록보존소)은 법률이나 정책에 근거하여 기탁된 출판물을 보존하는 곳이기도 하다. 또 어떤 경우에는 기록관리기관이 정기적으로 정부 간행물의 사본을 접수하기도 한다. 이 모두 다 바람직하고 추천할 만한 일이다. 그러나 그런 자료들은 영구기록과는 분리하여 관리한다.

만일 활용중이거나 준활용 단계에서 기록의 일부로 이용된 인쇄, 출판물이 영구보존을 위하여 선별되었다면, 그것도 영구기록의 일부로 다루어야 한다. 등록부에 없거나 기록관리 상의 정리에 들어있지 않은 유사 기록, 특히 그 기록을 소장하고 있는 정부기관에서 생산된 것이 아니고 다른 출처로부터 수집한 간행물 시리즈는 도서관 자료로 간주되어야 한다.

일련의 연차 보고서 기록류와 정부 기관들에 의해 발행되는 정기간행물은, 특히 그것을 팔기 위하여 출판한 것이 아니라면, 기록관리기관이 수집하여 영구기록으로 취급하는 것이 일반적인 관행이다. 이용자들은 흔히 조사하는 동안 영구기록과 관련하여 이 자료를 참고한다.

[연습 18]

여러분의 기관에서는 현재 도서관 자료들을 받는가? 이들 자료들은 어떻게 수집, 이관되는가에 관해 설명하라. 여러분이 도서관 자료들의 이관 절차를 개선하기 위하여 할 수 있는 3가지 조치를 생각해 보라.

요약(Summary)

2과에서는 최초의 기록 식별에서 최종적인 보관까지, 기록을 기록관리기관의 문서고에 이관하는 과정을 논의하였다. 다음과 같은 구체적인 주제를 다루었다.

- 이관 체계
- 영구기록 실물의 인수
- 이관 절차
- 비정부기관 출처의 자료의 이관
- 비정부기관 출처의 기록 인수
- 사본 이관
- 도서관자료 이관

학습문제(Study Questions)

1. 여러분 나름의 말로 다음 용어를 정의하라.
   - 기록군(group)
   - 하부 기록군(subgroup)
   - 아이템(item)
   - 추가기록물(accrual)

2. 평가는 왜 영구기록 관련 업무의 핵심적 구성요소 중 하나인가?

3. 효과적인 이관절차를 위해 가장 적절한 3가지의 조건은 무엇인가?

4. 왜 기록관리기관에는 수집계획이 있어야 하는가?

5. 인계를 위하여 영구기록자료를 준비하는 데 따르는 과정을 설명하라.

6. 여러분 나름대로 서로다른 정리의 차원과 그 상호관계를 설명하라.

7. 영구기록실물을 이관하는 데 수반되는 상황 3가지를 기술하고, 각각의 상황에서 전문
   요원들이 어떻게 대처해야하는지 설명하라.

8. 이관등록부에 포함되는 5가지의 정보를 알아 보라.

9. 이관서식(여러분이 8번에서 이관등록부에 포함되어야 할 것이라고 하였던 것과는 다
   른)에 포함되는 5가지의 정보를 알아 보라.

10. 이관등록부와 이관서식의 다른 점을 설명하라.

11. 전문요원은 왜 최소한 한 달에 한 번 이관등록부를 점검해야 하는가?

12. 영구기록을 이관하는 데 포함되는 핵심적인 단계를 약술하라.

13. 이관서식은 기록관리기관에서 어떻게 보존되어야 하는가?

14. 기록관리기관에 기록을 접수시킬 때 거쳐야 하는 단계를 적어도 3개 기술하라. 각 단
    계에서 왜 그렇게 되어야 하는가를 설명하라.

15. 기록관리기관에 기록 실물을 이관할 때 수반되는 중요한 단계들을 기술하라.

16. 새로운 이관물은 어떻게 보관되어야 하는가?

17. 비밀기록(confidential archives)들은 어떻게 이관되고 보관되어야 하는가?

18. 기밀기록(classified archives)들은 어떻게 이관되고 보관되어야 하는가?

19. 영구기록 문서고에 있는 기록물의 위치는 어떻게 기록되어야 하는가?

20. 이관을 완료하는 마지막 단계는 무엇인가?

21. 정부기관 외의 출처에서 기록물을 수집한다고 할 때 알아둘 필요가 있는 6가지 요소과 조건들을 설명하라.

22. 사본의 이관시 수반되어야 하는 절차에는 어떤 것들이 있는가.

23. 도서관 자료들은 어떻게 이관해야 하는가?

연습: 조언

연습 11

여러분이 제공한 실례는 기록군 또는 개인이나 기관에서 생산된 전체 기록물(records), 하부기록군(subgroups), 그리고 가능하면 시리즈와 아이템을 포함해야 한다. 기록물에 하부기록군이 항상 나타나지는 않은 점을 주목해야 한다. 하부기록군은 기록의 어떤 부분에 책임을 지고 있는 부속 기관이 딸린 복잡한 기록 집단(bodies of records)에 적용할 만하다. 마찬가지로 텍스트를 보면 알겠지만, '건(item)'의 개념은 다양하다. 건은 파일 전체와 제본된 책, 낱장의 서류, 비디오 테이프나 일련의 녹음 테이프 등을 포함하는 개념이다. 정리의 원칙은 영구적으로 보존할 가치가 있는 기록이 어떻게 만들어지고 거기에 수록된 정보를 어떻게 조직화할 것인가를 이해하는 데 유용하다. 그러나 정리의 차원은 엄격한 전제라기보다 하나의 지침인 것이다.

정리에 관한 더 많은 지식은, 『공공기관의 기록관리: 원칙과 체계(The Management of Public Secter Records : Principles and Context)』를 참고하라. 이 개념은 이 모듈의 3과에서 더 상세하게 다루기로 하고, 여기에서는 단지 이관업무절차에 대한 논의를 진행해가면서 해당 전문용어를 소개하는 정도에 그친다.

연습 12

모든 기록관리기관은 그 기관의 업무절차(procedures)를 발전시켜나가야 할 것이다. 이 과에서 제공된 정보를 완전히 이해하여, 여기에서 소개된 원칙이 기록관리기관의 시스템과 운영체계를 발전시키는 데에 어떻게 적용될 수 있는지를 살피는 작업이 중요하다.

연습 13

이관절차는 기록을 인수할 때 필요한 정보를 바로 파악하는 데 쓰일 뿐 아니라, 그 이관절차에 의해 기록관리기관은 공식적인 초기 관리 단계에서부터 시작하여 그 이후에 이르기까지 영구기록 시리즈(archival records series)를 통제하는 데 필요한 핵심 정보 사항을 파악할 수 있다. 기록과 영구기록에 대한 기본적인 관리체계는 항상 아래와 같은 7가지 중요 요소를 중심 체계로 삼는다.

1. 확인서(a unique identifier)
2. 기록을 받은 날짜

3. 인수한 기록(record)의 형태

4. 기록을 필요로 하는 업무(transaction)의 지정학적 위치

5. 업무 관계자/참가자 이름

6. 기록을 생산케 한 업무(결정, 실행, 사건, 운영이나 계획)를 이끌거나 그와 관련된 기능(function), 활동(activity), 과제(task)의 명칭이나 성격(type)

7. 기능, 활동, 과제는 '주제(subject)'나 업무 내용, 그 기록의 '메시지(massage)'로 표현된다.

위의 요소들은 이관과정에서 파악되고 확인되는 중요한 측면이다. 사실 잘 관리된 내부기록관리시스템(internal records system)에서는 이러한 정보는 기록을 생산할 때 파악할 수 있고, 그 후 기록과 내내 함께 간다.

도식적으로 이관등록부는 아래와 같은 정보를 포함하고 있다.

- 이관번호
- 인수 날짜
- 영구기록의 세부사항(시리즈의 번호, 제목이나 기술, 정리, 포장 날짜, 상자 수나 양)
- 기록의 출처, 이관한 기관이나 위탁자(depositor)
- 영구기록의 참고사항
- 비고(다양한 법령상의 비공개 기간을 포함)
- 업무가 완료된 날짜

전자기록관리에 특히 중요한 절차인데, 생산 중인 기록에 관한 정보 획득에 대하여 더 많은 정보를 얻으려면, 『전자기록물관리(Managing Electronic Records)』를 참고하라.

연습 14

각 기록관리기관마다 이관업무절차를 다르게 관리하겠지만 최종 결과는 같을 것이다. 새로 들어오는 기록의 수령과 처리에 대한 능률적이고 효과적인 내역서의 작성(documentation).

연습 15

비록 모든 기관이 새로운 영구기록을 처리하는 과정에서 그 기관 자체의 방법을 가지고 있다고 할지라도, 가능한 한 빨리 이관 관련 자료를 만드는 데 모든 노력을 기울임으로써 내용, 소유권 및 인수인계에 대한 의문이 없도록 한다.

연습 16

정부 외의 기관에서 기록을 수집할 때, 아래와 같은 사항을 염두에 둔다.

- 기록의 소유권
- 평가 기준
- 이용 조건
- 재생산 조건
- 검색도구의 사용 여부
- 전시회 활용

이러한 주제는 이 과에서 자세하게 논의되었다. 『기록평가시스템(Building Records Appraisal Systems)』에서도 다룬다.

연습 17-18

영구기록자료(archival materials)의 사본과 도서관 자료(library materials)의 이관을 어떻게 관리할 것인가를 결정할 때는 이 과에서 제공된 사항들을 염두에 둘 것.

영구기록의 정리와 기술

3과에서는 기록관리기관에 소장된 실제 기록(the materials)을 정리하고 기술하는 방법을 검토한다. 기록을 정리할 때, 기록관리기관은 영구기록의 정리에 관해 국제적으로 인정된 출처존중 및 원본질서의 원칙을 따라야 한다. 정리와 기술은 영구기록의 내용과 전후관계에 대한 정보를 제공한다.

논의된 주제는 다음과 같다.

1. 정리와 기술의 개념
2. 정리의 원리
3. 기술의 원리
4. 기록의 그룹·시리즈 정리
5. 영구기록의 기술

1. 정리와 기술의 개념

정리와 기술은 전문기관의 소장기록물에 대한 통제를 가능케 한다. 통제에는 관리적 통제와 지적통제의 두 가지 측면이 있다.

관리적(혹은 물리적) 통제는 서고에 있는 모든 시리즈(series)와 건(items)들에 대하여 책임을 지며, 찾아서 이용할 수 있도록 해준다.

논리적 혹은 정보적 측면의 통제는 이용자로 하여금 어떤 기록물이 소장되어 있고, 그 기록물이 어떤 주제를 다루는지, 그 기록물이 서고 어디에 위치해 있는지 알 수 있게 해준다.

> 정리와 기술은 기록관리기관의 소장기록물에 대한
> 통제방법이다.

영구기록들이 왜, 어떻게 생산되었는지, 이용 당시에는 원래 어떻게 정리되었는지에 관하여 분명히 이해하기 위하여 실제 영구기록(archival materials)을 분석하는 일이야말로 기록관리전문요원의 중요한 전문업무 중 하나이다. 이러한 분석의 목적은 최종적인 정리와 기술이 그 기록물(materials)의 출처와 원본 질서를 정확히 반영하고 보여주도록 하는 데 있다.

이러한 분석은 정리와 기술 업무가 완료되기 전에 이루어지는데, 이를 위하여 전문요원은 이른바 '소급적 기능 분석(retrospective functional analysis)'을 행해야 한다.

3과에서는 영구기록을 정리, 기술할 때, 기능 분석의 원리와 그 적용을 이해하고 있다고 전제하고 논의를 전개한다.

> *기능 분석의 개념은 『기록평가시스템』과 『업무체계분석』에서 다루고 있다.*

3과의 많은 내용이 2과에서 제시된 세부 내용과 직접적으로 연관되어 있다. 왜냐하면 이관하는 동안 이루어진 업무과정이 정리와 기술의 그것과 중복될 수 있기 때문이다.

2과에서 언급된 바와 같이, 기록과 영구기록의 서로 다른 차원을 구별하기 위해 사용된 용어는 혼동의 가능성이 있다. 예를 들어 '건(item)'이라는 말 외에, 관련 기록의 한 모음 단위(assembly)를 가리킬 때 쓰이는 용어에는 파일(file), 단위(unit), 편(片, piece), 파일단위(file unit), 혹은 처리단위(unit of handling) 등이 포함된다. 그리고 '건(item)'도 그러한 모음 단위를 이루는 단일 기록을 지칭하는 데 이용될 지도 모른다. 명확성을 기하기 위하여, 다음의 용어는 정의한대로 이 학습프로그램에서 이용될 것이다.

그룹(Group) : 독립된 생산 기관의 차원에서 이루어지는 기록물 정리의 첫째 구분. 영구기록그룹, 폰드(fond), 기록그룹이라고도 한다.

하위그룹(Subgroup) : 그룹 아래 단계의 영구기록 정리에서 이루어지는 분리된 하위 구획. 자체 기록보관체계를 갖춘 소속 행정기관단위의 영구기록이다.

시리즈(series) : 동일한 기능이나 활동과 관련되어 모아졌거나, 동일한 형태(form)를 가졌거나, 생산, 수취, 이용 과정에서 생긴 어떤 다른 관련성을 가진 조직이나 개인의 파일들(files)과 기록(records)의 정리 차원. 파일시리즈(file series), 기록시리즈(records series), 클래스(class)라고도 한다.

파일(file) : (보통 폴더 내에서) 기록의 조직화된 물리적인 단위로, 이것은 동일한 주제, 활동, 협조업무와 관련되어 있기 때문에 현재 이용을 위해서나 영구기록의 정리 과정에서 함께 분류한다. 주: 파일은 보통 기록시리즈 내의 기본 단위이다.

아이템(item) : 시리즈 안에 있는 정리와 기술의 기본적인 물리적 단위. 편(piece)이라고도 한다.

'기관(Institution)'이란 용어는 국립기록보존소(National Archives)나 혹은 기업기록보존소(Corporate Archives) 같이 앞서 말한 기록을 소장하는 기관을 가리키는 기술의 차원으로 사용된다. 국제표준기록물기술General Institutional Standard Archives Description(ISAD(G))에서는 영어의 '그룹(group)'에 대해서는 '폰드(fond)'라는 말을, 건(item)이라는 말 대신에 '파일(file)'이라는 용어를 사용한다는 점에 주의하기 바란다. '건(item)'이라는 용어는 영구기록관리에서 정리의 물리적 단위를 논의할 때 가장 빈번히 사용되며, 이 모듈에서는 정리와 기술에 대한 물리적 기초단위를 가리킬 때 사용되는 말이다. '파일'이라는 용어는 관리의 단위이기 때문에 문서과나 자료관에서 주로 사용된다.

이 모듈에서는 영어식 용어를 채택하였다. 각 나라에서 대신할 용어를 선택할 수도 있지만, 그 용어들은 ISAD(G) 용어로 정확하게 번역될 수 있어야 하겠다.

2.정리의 원리(Principles of Arrangement)

> **정리(arrangement)** : 일련의 영구기록의 조직을 분석하는 전체 과정. 이 과정을 통하여 그 출처와 원본질서를 알 수 있고, 이러한 이해를 반영하고 유지할 수 있는 순서대로 영구기록을 그룹, 시리즈, 건으로 배열하는 일.

지속적인 가치가 있는 기록인 영구기록은 실제 사건과 전개의 증거를 포함하는 특유한 형식의 정보이다. 증거로서 이용되기 위해서, 영구기록은 신뢰할 수 있어야 하고, 완전하며, 정확해야만 한다. 그래서 당연히 영구기록의 정리는 정부나 기업, 기관 혹은 개인이 처음 사용하는 동안 기록을 고안, 생산, 조직, 유지하는 데 이용한 질서와 절차를 정확하게 재현하고 기록하여야 한다.

> 정리는 기록(records)이 생산되고 이용되었던 방식을 반영한다.

영구기록의 정리는 출처에 대한 존중(respect des fonds)이라는 핵심 원칙에 따라 이루어진다. 이 원칙은 영구기록을 그 생산과 축적의 책임이 있는 기관에 따라, 또 현용기록으로 업무에 이용되는 동안 만들어진 기록의 원래 질서대로 모아서 보관하여야 한다는 것이다.

원래 프랑스 용어인 '출처 존중(respect des fonds)'은 종종 '기록 생산자에 대한 존중(respect for the creator of the records)'이라고 간단히 정의된다. 출처 존중의 원칙은, 출처와 원본질서라는 두 개의 관련 개념으로 되어 있다. 출처주는 기록물(materials)의 '출신 사무실(office o origin)'을 말한다. 원본 질서란 원래의 사무실에서 생산 보관된 조직과 질서를 말한다.

> **출처에 대한 존중(respect des fonds)** : 출처와 원본 질서의 유지를 포함하여 기록 또는 영구기록의 생산자에 대한 존중
>
> **출처(provenance)** : 아직 업무에 사용되는 동안 기록을 생산, 접수, 보관, 이용하는 기관이나 개인
>
> **원본질서(Original order)** : 기록이 원래의 사무실에서 생산, 정리, 보관된 순서

이러한 원칙에 따라 전문요원은 서로 다른 기관의 기록은 따로 관리하고, 인수한 기록의 원본 질서를 유지해야 한다. 다음의 원칙이 적용된다.

1. 두 관청 혹은 두 기관의 영구기록을 합치지 말라. 서로 다른 관청이나 기관의 영구기록 은 문제의 관청이 설사 비슷한 업무에 관여하거나 인적으로 중복되더라도 따로 취급되 어야 한다. 마찬가지로, 서로 다른 개인의 사적인 영구기록도 비록 그 개인들이 같은 사건에 연계되어 있거나 같은 경험을 하였다 하더라도 통합되어서는 안된다.

2. 판별할 수 있는 원본 질서를 보여주는 영구기록을 재정리하지 말라. 그 질서가 생산기 관의 활동과 기능을 분명히 반영한다면 수집된 영구기록의 원본 질서를 재정리해서는 안된다. 특히 기록물(materials)이 생산될 때 형성된 방식이 아니라면 주제, 날짜나 매체 별로 순서를 매겨서는 안된다.

3. 위에서, 그리고 2과에서 개관했듯이, 영구기록 업무에서 이용되는 정리의 위계적 차원 에 따라서 영구기록의 차원을 판단하라.

그러나 영구기록 내에서 어떤 질서를 알아볼 방법이 없거나, 그 기록이 우연히 축적된 것이라면 아키비스트는 생산자의 의도나 목적이 반영되도록, 또 연구를 위해 기록의 이용이 원활히 이루어질 수 있도록 기록에 하나의 질서를 부여할 필요가 있다. 기록의 원본 질서는 흔히 쉽게 알아볼 수 있으며, 정리는 정밀과학이 아니다. 아키비스트는 그들이 손에 가지고 있는 정보를 가지고 할 수 있는 최선을 다하면 된다.

[연습 19]

정리의 원칙과 차원을 이해하기 위해서, 다음의 각 범주를 생각해 보고 각각에 적용 되는 정리의 위계 차원을 확인해보라.

공공사업부(Ministry of Public Works)
1976년 재정보고서(Financial Reports, 1976)
보고서(Reports)
율도국 국립기록보존소(National Archives)
위원회의 재정보고서(Commission's Financial Reports)
국립박물관 건축위원회(National Museums Building Commission)

---

3. 기록을 그룹과 시리즈로 정리하기

(Arrangement Records into Groups and Series)

영구기록이 이관된 후 가능한 한 빨리 기록관리기관은 기록정리의 일반원칙에 따라 적절한 순서로 그것들을 정리해야 한다.

새로 이관되는 기록은 올바른 순서로 되어 있을 수도 있고 혹은 섞여진 다량의 건(items) 더미일 수도 있다. 일반적으로 자료관이나 기능을 수행하는 행정기관에서 영구기록이 이월 될 때에는 원래의 질서와 사용상태를 반영하는 시리즈(series)로 정리되어 있을 것이다. 아니 면 부적절한 문서고나 잘못이용되고 있는 곳, 혹은 정부 이외의 기관으로부터 기록을 구했 을 수도 있다. 이들이 본래 생산되고 현용중에 지켜져 온 체계를 반영하기 위하여 이 기록들 은 기록군(group)과 시리즈(series)로 분류되어야 한다. 여기에서 사용되는 용어와 절차는 국제 표준과 관행에 따른다.

기록군의 구별(Identifying the Group)

기록군은 특정기관이나 개인이 생산한 모든 영구기록으로 구성된다. 기록군의 예는 다음 과 같다.

- 대법원(the Supreme Court)의 기록
- 식민총독부(the Colonial Secretary's Office)의 기록
- 행정위원회(the Civil Service Commission)의 기록
- 법무부(the Ministry of Justice)의 기록

기록관리기관은 하나의 기록군에 무엇을 포함시켜야 할 지에 대하여 명확하고 일관된 정책을 가지고 있어야 한다. 그리고 그 정책은 애매하지 않게 내부 지침(instructions)에 정해 져 있어야 한다.

가장 좋은 처리방법은 기록군의 목록을 모아놓는 것이다. 결국 이것은 생산기관의 목록이 다. 지금 있거나, 과거 언젠가 존재했었고, 영구기록 생산에 책임을 지고 있던 생산기관의 목록이다.

생산기관의 목록은 기관명칭의 목록이라는 것 이상의 의미를 지닌다. 각각의 생산기관은 다음 데이터 요소의 1개 혹은 그 이상으로 구성된 기술(description)을 가지고 있어야 한다.

- 기관의 공식적 명칭 혹은 인가된 명칭
- 언젠가부터 기관의 이름으로 알려진 다른 명칭
- 기관의 기원, 기관이 어떤 법령 또는 권위에 근거하여 활동했는지, 그 기관의 기능, 시기에 따른 기관의 발전 등을 설명하고 있는 행정적 역사
- 어떤 시기에 그 해당 기관과 관련이 있었던 다른 기관들로서 그 기관과 동일한 관할권 아래 있었고, 그 기관의 기능이 해당기관의 기능과 중복되거나 해당기관의 업무에 영향을 미쳤던 기관들의 목록
- 기관의 기능을 기록한 영구기록 시리즈(archival series)의 목록
- 때때로 다른 기관이 담당하는 기능과 유사하거나 연관된 기능을 기록한 시리즈의 목록 (혹은 참고자료)

생산기관의 이러한 목록을 색인카드나 컴퓨터 데이터베이스로 유지하는 것이 유용하다. 두 경우 모두 새로운 사항은 기관의 정식명칭인 주요 표제(main heading) 아래 기입된다.

몇몇 전문기관이 숫자를 코드로 사용할지도 모르지만, 참고코드(Reference codes)는 보통 2~3 문자이다. 새로운 참고코드를 만들 때 더 여유 있는 선택을 할 수 있으므로 3문자의 사용을 선호한다. 이 모듈에서는 3문자 코드를 사용한다.

'의미 있는' 코드를 사용할 것이지, 아니면 '의미 없는' 코드를 사용할 것인가에 대해서는 약간의 논란이 있다. 'Chief Secretary Office'를 나타내는 'CSO'는 그 기관의 첫 글자라는 것을 명확하게 알 수 있기 때문에 의미 있는 코드이다. 'Cabinet Office'를 나타내는 'CAB'도 의미 있는 코드이다. 'Supreme Court'를 나타내는 'BFN'은 'Supreme Court'를 나타내고 있는 문자(여기서는 'BFN')에서 그 기관('Supreme Court')의 명칭을 추론해 낼 수 없기 때문에 의미 없는 코드이다.

의미 있는 코드는 쉽게 인식하고 기억할 수 있는 장점이 있다. 반면에 때때로 기관의 명칭이 바뀌면 참고코드에서 기관의 명칭을 추론해 낼 수 없는 결과를 낳는다. 예를 들어 'WOF'는 'War Office'를 나타내는데, 기관의 기능은 여전히 같음에도 불구하고 'War Office'라는 이름이 '국방부(Ministry of Defense)'로 바뀌었다. 국방부의 영구기록(archives)은 'WOF' 기록군에 속해 있지만, 이제는 참고코드(WOF)는 기관(국방부 - 역자)의 명칭을 가리키지는 않는다.

게다가 각기 다른 기관이 비슷하거나 혹은 같은 이름을 가지고 있을 수 있다. 예를 들어, 인사관리실(Personnel Management Office)과 총리실(Prime Ministers Office)이 그것이다. 이러한 경우에, 만약 한 기관이 의미 있는 참고코드를 사용하려면 다른 한 기관은 앞의 기관 이니셜을 따르지 않은 코드를 배정받아야 할 것이다. 이것도 영구기록의 이용자들이 목록을 찾거나 참고번호를 인용할 때 혼동할 수 있는 잠재적인 원인이다.

의미 없는 코드를 사용하면, 알파벳의 모든 문자를 어떤 방법으로든 조합해서 사용할 수 있기 때문에 선택 가능한 코드의 수가 증가될 뿐만 아니라, 기관의 명칭이 바뀌거나 다른 기관이 유사한 명칭을 가지고 있을 때의 혼동을 피할 수 있다. 이 모듈에서는 영구기록의 기록군을 나타내는 데 의미 없는 참고 코드를 사용한다.

참고코드의 예는 다음과 같다.

BFG   Chief Secretary's Office
MYD 12   District Magistrate's Office, Ulusuru

일반적으로 이용자들이 생산기관의 색인이나 데이터베이스에 수록된 정보를 이용할 수 있어야 한다. 실제로 색인이나 데이터베이스는 최고수준의 검색도구로써 기록관리기관의 소장기록에 대한 안내지침의 기초를 이룬다. 이용자들은 그들이 참고하고 있는 영구기록을 해석할 때 행정사가 중요하다는 것을 알게 될 것이다. 색인목록의 사본이나 데이터베이스의 적절한 출력물을 참고실 서가 바인더에서 제공해야 한다.

영구기록을 인수 받으면 전문요원은 그 기록이 어느 기록군에 속하는지 결정해야 한다. 간단한 경우, 그것은 생산기관이나 그 기록을 이관한 어떤 기관이 될 것이다. 그러나 통상 시간이 경과함에 따라 조직에 많은 구조적인 변화가 생기기 마련이고 또 시리즈나 시리즈의 한 부분이 한 부서에서 다른 부서로 이동하는 경우도 종종 있을 수 있다. 이런 경우에 대비하여 전문기관은 합의된 처리절차를 가지고 있어야 한다.

기록군을 결정하기 위하여 가능한 2가지 방법은 아래와 같다.

1. 마지막으로 이관하는 기관의 이름을 통제단위 기록군(the controlling group)으로 채택하라. 이는 편리한 방법이지만 혼돈을 유발할 수도 있다. 예를 들면 그 시리즈가 기록이 사용될(in current use) 당시에조차 존재하지 않았던 부처(ministries)에 속한 것으로 목록화되어 있을 수도 있다.

　　　예: 곡물 수확 통계표(crop returns) 시리즈는 농업부(Ministry of Agriculture)에서 이관하였다. 그러나 이 곡물 수확 통계표는 전문화된 농업부가 없었을 시기에는 지역 관청(District Office)이 사실상 담당했다. 그 통계표가 편철된 뒤 어느 시기에, 그 곡물 수확 통계표에 대한 책임은 지역 관청(District Office)으로부터 그 지역주민위원회(District Native Authority)로 넘어갔다. 나중에는 지역지방정부위원회(Regional Local Government Commission)로 넘어갔다가 마지막에는 농업부가 책임지게 되었다. 이 영

구기록을 마지막 기관에 속하는 목록에 넣으면, 아마도 그 기록의 성격에 대하여 그릇된 인상을 줄지 모른다. 이 일련의 영구기록과 관계된 이전의 모든 기관과의 상호관계를 보여주는 행정사를 쓸 필요가 있다.

2. 별도의 독립된 실체로서 시리즈 목록을 만들고, 그것과 관계된 모든 기관을 연결하는 참고자료를 작성하라. 이 방법은 더 정확하지만 이용하기 어려울 수 있다. 이용자들은 각기 다른 시점에 기록된 기능이나 기록 자체를 책임졌던 일련의 기관들을 하나하나 풀어내야 한다.

예: 곡물수확통계표는 어떤 특정 지역관청의 기록으로 판단된다. 참고 자료(reference)를 통하여 이 기록과 시기에 따라 동일 업무에 개입했던 다른 기관을 연결시킬 수 있다.

첫 번째 선택은 현재로서는 권장할만한 가장 좋은 방법이지만, 생산기관에 대한 기술 표준 개발에서는 두 번째 방법으로 전문가들의 의견이 모아질 것이다. 만약 기관의 행정사가 올바른 시간적 순서대로 유지되어 있고, 그 역사를 이용자들이 볼 수 있다면, 두 번째 선택이 더욱 바람직할 수 있다.

오스트레일리아 같은 나라의 전문요원들(archivists)은 두 번째 선택사항을 강력히 옹호한다. 이들은 복잡한 추적 시스템(tracking system)을 개발해왔는데, 그에 따라 생산(그리고 관련) 기관의 행정사를 기록으로 남기고, 이 기록과 소장하고 있는 각각의 영구기록 시리즈 사이에 종합적인 연결망을 구축하였다.

정리와 기술에 관한 출판물은 5과를 참조하라.

하위기록군의 구별(Identifying Subgroups)

하위기록군은 어떤 기록군을 생산한 조직이 행정적 기능적 하위조직을 포함하고, 각각의 하위조직이 독립적으로 관리된 기록을 가지고 있는 경우에 생길 수 있다. 시리즈가 행정적 기능적 하위기록군과 잘 부합할 수도 있고 부합하지 않을 수도 있다. 여러 개의 시리즈를 포함하는 새로운 기록체계(records system)가 만들어지면, 그 새로운 체계는 하위기록군으로 취급하는 것이 유용하다.

일반적으로 이러한 기능적 부서들이 완전히 독립적이라면, 그 부서들의 영구기록은 별도의 기록군으로 다루는 것이 가장 좋다. 그러나 영구기록의 해석상 전체 생산 조직과 그 기록의 연관성에 대한 지식을 필요로 한다면 그 기록은 하위기록군으로 남아야 한다. 이 문제는 아래에서 더 상세히 다루겠다.

원칙적으로 적은 수의 복합기록군으로 나누어 하위기록군을 여러 개 갖는 것보다는 단순한 기록군을 여러 개 갖도록 하는 편이 낫다. 어떤 조직이든, 특히 행정기관에서 변화는 공통적인 양상이다. 그리고 그런 변화는 물론 미래에도 계속된다. 그러므로 영구기록의 정리 구조를 가능하면 단순하게 유지하는 것이 낫다.

시리즈 결정(Determining the Series)

시리즈라는 말은 생산기관 내에서 하나의 체계로서 보관되고 사용된 일련의 구체적이고 조직된 기록을 지칭하는데, 영구기록은 이 시리지 단위에서 선별되어왔다.

보통 하나의 시리즈는 정부나 생산기관 또는 개인의 활동에서 어떤 특정한 기능 또는 업무과정을 기록하고 있다. 시리즈는 함께 보존되어야 하며 원본 질서나 체계가 유지되어야 한다. 그것들이 생산기관 내에서 하나의 체계로 사용되었다는 것을 보여주는 기능, 체계, 형식에 있어 공통적인 특징을 갖는 다른 기록들(materials)처럼, 등록된 시리즈 내의 파일은 함께 보관된다.

무엇이 시리즈를 구성하는지를 결정하는 일은 늘 쉬운 일이 아니다. 시리즈 결정은 보통 기록이 보관되어 온 방식뿐 아니라, 그 기관의 규모와 기록의 양에 달려있다.

예를 들어 만약 어떤 기관이 각각 특정한 기능을 다루는 여러 개의 크고 별개의 등록 파일 시리즈를 가지고 있다면, 이들 각각은 별개의 시리즈로 간주될 것이다.

> 예: 큰 재판소는 일련의 판례집, 등록부, 판결문, 명령부 등을 보관하고
> 있을 것이다. 이러한 다양한 기록은 자연히 분리된 시리즈로 간주될 것
> 이다. 한편, 어떤 작은 법원은 이런 방식으로 개별 기록을 가지고 있지
> 않을 수도 있다. 또는 이들 기록 중 아주 소수만이 영구적인 보존가치를
> 갖는 것으로 선별될지도 모른다. 후자의 경우에, 하나의 시리즈에 모든
> 기록을 두는 편이 더욱 실용적일 수 있다. 하지만 일반적인 원칙은 가능
> 하면 그 원래의 체계를 보존하여야 한다는 것이다.

어떤 기록(materials)이 시리즈를 구성하는지를 판단할 때 고려해야할 한 가지 요소는 추가로 이관이 있을 지 여부이다. 계속되는 이관(추가기록)이 혼란을 줄 수 있고, 시리즈가 그

자체의 구조를 상실하는 결과를 낳을 수도 있다. 예를 들면 만약 그 이관기록물이 몇 년 동안 계속되는 문건을 포함하고 있다든지, 몇몇 연속사업(several sequences)을 포함하는 연차기록(annual block)을 포함하고 있을 경우가 그러하다. 처음부터 그 시리즈가 다루기가 어렵다면 더 좁게 정의할 수 있는 몇 개의 시리즈로 나누는 것이 더 나을지 여부를 잘 생각해볼 필요가 있다.

어떤 경우에는, 예전의 이관물이 하위시리즈 같은 중간 차원을 포함하고 있을 수도 있다. 하위시리즈는 또 예를 들면, 일반적으로 기능과 활동에 근거한 위계적인 파일체계 내에 있으면서 특정한 업무영역을 반영하고 있을 수도 있다. 이런 경우, 가능한 한 이 중간 차원을 기록 정리와 기술 및 시리즈 목록구성에 반영시켜 그 시리즈 자체를 명확하게 해야 한다. 다양한 차원을 반영하기 위하여 복잡한 분류표를 고안하는 것은 권장사항이 못된다. 가능한 한 정리는 단순히 유지되어야 한다. 기록군/하위기록군, 시리즈, 아이템 이 3가지 차원만 가지고 작업을 하는 것이 가장 좋은 방법이다.

시리즈 내의 기록 정리(Arranging Records within Series)

모든 영구기록(archives) 관리의 기초 단위는 시리즈이다. 이것은 시리즈가 보통 기록이 원래 어떻게 만들어지고 사용되는지 나타내기 때문이다.

시리즈 내에서 각 건(items) 정리를 결정하는 일은 보통 시리즈의 성격과 영구기록의 원본 질서에 근거를 둔다. 여기서 질서란 생산기관이나 개인에 의해 기록이 생산, 이용, 유지된 방식에서 비롯된 것이다. 기록은 보통 하나의 주제, 시기, 과제 등에 따라 파일들로 보관되고 각 파일은 다수의 기록을 담고 있다.

> *시리즈는 기록이 원래 어떻게 생산되고 이용되었는지를*
> *반영하므로, 영구기록관리의 기본 차원이 된다.*

어떤 정리차원을 결정하기 전에, 전문요원은 배경에 대한 이해를 포함하여 영구기록과 그 생산기관을 철저히 조사함으로써, 영구기록과 그 법적, 행정적, 역사적 배경을 이해해야 한다. 이 과정을 '소급적 기능분석(retrospective fucntional analysis)'이라 부른다.

　시리즈 안에서, 기록은 가시적인 기록보관체계의 일부이다. 예를 들면, 재정 기록의 한 시리즈는 기록이 모두 '출납 회계(account payable)'와 관련되기 때문에 함께 보관되어야 한다.

　이 기록은 모두 출납회계 시리즈 안에 적절히 정리 보존되는데, 이는 '수납 회계(accounts receivable)' 시리즈와는 다른 시리즈이다.

　바꾸어 말하면, 기록은 동일한 업무협조, 업무, 기능을 돕든지 또는 거기에서 결과했기 때문에 모아서 보관하여야 한다. 이를테면, 연례회의의 조직과 운영과 관련된 모든 기록은 하나의 '연례회의 시리즈'의 일부분을 형성할 것이다.

　때때로 기록이 유사한 포맷이나 특별한 기능과 관련되었기 때문에 같은 시리즈에서 발견되기도 한다. 건축현장에 대한 사진 50장은 '보건소, 건축: 사진'에 관한 시리즈에 파일링된다. 다른 건축 현장의 다른 사진 50장은 '관리소, 건축: 사진' 아래에 철해질 수 있다. 그러나 관리소와 보건소의 사진은 두 개의 각각 다른 건물의 건축과 관련된 더 큰 시리즈에 속하므로 한 파일에 섞여서는 안된다.

　기록을 정리하는 방법에는 여러 가지가 있다. 가장 좋은 방법은 생산기관이나 개개인이 설정한 관계와 시스템을 유지하는 것이다. 전문요원은 기록관리체계의 존재 여부를 확인하고 이 시스템을 살아남은 기록을 위한 조직적 원칙으로 사용해야 한다. 원본 질서는 생산기관이나 개인이 어떻게 기록을 생산하고 접수하고 사용하였는지 또는 일상 업무의 일부로 기록을 어떻게 수집하고 축적했는지와 관계가 있다.

　만약 원본 질서가 쉽게 결정되지 않으면, 전문요원이 기록을 파악하기 위하여 적용할 수 있는 몇 가지 다른 정리 방식이 있다.

　번호순 : 이는 기록이 현용중일 때 사용된 원래의 등록시스템이나 다른 번호체계상의 숫자 또는 알파벳 순서이다. 이것은 가장 일반적인 질서이고, 항상 제일 먼저 고려되어야 한다. 만일 기록이 숫자에 따른 질서에 해당되지 않을 때는, 그 기록에 사용된 방법이 선택된 이유를 반영하거나 기록을 가장 잘 연구할 수 있게 해 주는 다른 정리방식을 고안해야 한다.

　연대순 : 이는 기록을 연도별, 월별, 필요한 경우 일자별로 정리한 날짜별 순서이다. 연대

기식 질서는 각 문건의 첫 번째 또는 마지막 날짜에 기초한다. 이 중 하나를 선택하여 일관되게 유지한다.

알파벳순 : 이 질서는 장소나 어떤 지역 같은 지정학적 구분, 사람이나 조직의 이름에 기초한 영구기록에 자주 사용한다. 이 질서는 또한 인식할 수 있는 숫자나 다른 질서가 없고, 건축물, 수확, 노동력, 가축 등 하위 표제를 가진 농업처럼 주제가 하위 범주로 더 나뉠 수 있는 넓은 범위에 걸친 주제를 담고 있는 시리즈에 사용한다. 정합적인 주제/장소 구조에 기초한 등록번호나 등록번호 문자 질서가 현존하고 있을 경우에는 인위적인 알파벳순서를 만들어서는 안된다.

위계순 : 이는 시리즈가 중요도나 활동의 수준을 반영하면서 명확히 정의된 구조를 가진 영구기록으로 이루어졌을 때 통상적으로 이용하는 정리 방법이다. 예를 들면 소위원회 (subcommittee)는 위원회 뒤에 온다.

지리순 : 이 정리는 토지문서나 학교, 병원 같은 지역 행정단위에서 생산된 문서처럼 처음부터 지정학적 위치에 따라 조직된 영구기록 시리즈에 이용된다.

기록의 유형에 따른 질서 : 이것은 기록학적으로 말하면, 인위적이거나 그 기록이 활용 중일 때는 결코 한 행정 구조에서 함께 사용될 수 없었던 수집물을 다룰 때 사용된다. 기록실 물은 사진, 지도, 포스터와 같은 매체나 유형에 의해 정리된다. 이 방법은 모든 다른 정리 방식이 부적합할 때 사용하는 마지막 유보수단으로서 고려되어야 한다.

[연습 21]

위에서 설명한 각각의 정리 유형 중에서 여러분의 기관에서 사용된 적이 있는 정리방법의 예를 하나 찾아 보라. 그 성리방법을 간단히 설명하고 여러분이 생각하기에 이 선택이 그 해당 기록물에 적합한 것이었는지 적시하라.

전문요원은 그 시리즈에 가장 적당한 정리의 유형을 결정해야 한다. 필요하다면, 유형들 중의 하나 이상을 선택할 수도 있다. 예를 들면 더 높은 알파벳순 차원에서 기록을 연대순으로 정리할 수도 있다. 또 다양한 시리즈가 확인된 뒤 한 가지 정리 방법이 선택되면, 전문요원은 기록군 내에서 어떤 시리즈를 다른 시리즈보다 앞에 둘 것인지 뒤에 둘 것인지를 결정해야 한다. 원래의 기록이 다른 파일 캐비닛 아니면 심지어 다른 사무실에 보관되어 왔을 수도 있고 또 생산처나 개인에게는 어느 것이 먼저라는 생각이 없었기 때문에 이에 대한 결정은 종종 자의적으로 이루어진다. 어느 정도 널리 정착된 정리 관행은 다음과 같다.

- 색인과 같은 관리 기록(control records)은 그것이 관리하는 기록 , 가령 회의 절차나 회의록 앞에 놓을 수 있다.
- 요약이나 총람 기록은 수합되지 않았거나 구체적인 기록 앞에 놓을 수 있는데 예를 들면 기관의 연차보고서들은 각 부서의 연차보고서 앞에 둔다.
- 좀더 개인적이거나 암시적인 기록은 덜 그런 기록 앞에 두는데, 예를 들면 일기는 편지 앞에 둔다.
- 권위가 있는 기록물들은 그것이 덜한 기록보다 앞에 오는데, 예를 들면 연차총회 기록은 집행이사회 기록보다 앞에 둔다.

대체로 작위적인 정리 방식을 선택할 때는, 복잡한 설명을 요하는 것보다는 이해하기에 가장 간단하고 단순한 체계를 선택하는 것이 최선이다.

[연습 22]

여러분의 기관에서 현재 기록이 정리되는 방식을 2가지 설명하라. 기록의 정리방식을 변경하거나 개선하기 위해 여러분이 추천할만한 조치를 3가지 들어보라.

영구기록 참고코드의 부여(Assigning Archival Reference Codes)

> *영구기록 참고코드는 기록관리기관의 소장물들을 관리하고, 배부하는데 도움을 줄 것이다*

소장하고 있는 영구기록의 관리와 검색을 위해 기록관리기관은 관리상 모든 기록에 참고코드를 부여해주는 시스템을 개발하고 유지할 필요가 있다. 이 코드는 이관하는 과정에서 가능한 한 빨리 부여되어 라벨에 기입해야 한다. 이 모듈에서 앞서 언급되었던 영구기록 참고코드의 정의를 여기서 반복한다.

영구기록 참고코드 : 기록을 식별, 관리하기 위하여 기록군, 시리즈, 아이템에 배당되는 문자와 숫자의 조합.

실무에서는 온갖 종류의 참고 코드시스템이 이용되고 있다. 그러나 추천할만한 것은 먼저 기록군을 나타내는 문자가 나오고 다음으로 시리즈를 나타내는 숫자, 숫자 다음에 사선 그리고 끝으로 아이템을 나타내는 숫자로 참조코드를 구성하는 것으로, 예를 들면 NPT 3/67와 같이 나타낸다. 아래 상술하겠지만 이 방법은 영구기록 기술에서 주요한 3가지 차원 즉 기록군, 시리즈, 파일 또는 아이템을 반영하는 세 개의 주요 요소를 갖는 참고코드로 귀결된다. 하위기록군이 있으면 첫 번째 구성요소, 곧 기록군을 나타내는 문자에 번호를 추가하여 나타내는데, 예를 들면 NPT 1/4/82와 같다.

위에서 말한 방법의 대안으로, 사선(/)으로 모든 참고 코드 구성요소를 분리하는 방법이 통상 쓰이는데, 예를 들면 NPT/3/67 같은 경우이다. 위의 2가지 방법에서 주의할 점은, 전체의 참고를 보지 않고는 두 번째 구성요소가 하위기록군인지 시리즈인지 분간하기가 불가능하다는 것이다. 그래서, 'NPT 1'은 아래의 첫 번째 예에서는 시리즈 코드가 되고, 두 번째 예에서는 하위기록군 코드가 된다.

NPT 1/87 [그룹] [시리즈]/[아이템]
NPT 1/2/56 [그룹] [하위그룹]/[시리즈]/[아이템]

코딩 과정을 시작할 때, 중앙 기관을 나타내는 기록군에는 문자코드가 부여된다. 예를 들어 중앙기관의 지역 또는 지방 분소를 나타내는 하위기록군이 있다면, 기관에 절절한 문자코드가 부여되고 거기에 어느 분소 또는 지소인지를 나타내는 번호 코드가 추가될 것이다.

기록군 : 대법원(Supreme Court)   GRS
기록군 : 법무부(Ministry of Justice)   KDH
기록군 : 내무부(Civil Service Department)   NPT

하나의 기록군에 있는 각 시리즈에는 번호가 주어진다.

시리즈 : 정책 파일(Policy Files)   NPT 1
시리즈 : 직원개발과 훈련 파일(Staff Development and Training Files) NPT 2
시리즈 : 인사파일(Personal Files)   NPT 3
시리즈 : 행정 및 재정 파일(Administration and Finance Files)   NPT 4

기록군이 하위기록군으로 나뉘어지면, 기록군과 하위기록군 코드는 첫 번째 사선(/) 앞에 함께 나타낸다.

하위기록군 : 정책개발국(Policy Development Division)   NPT 1

시리즈 : 정책 형성(Policy Formulation)   NPT 1/1
시리즈 : 정책 수행(Policy Implementation)   NPT 1/2

시리즈 번호들은 항상 필요에 따라 그 다음 이용할 수 있는 번호를 부여한다. 예를 들어 ARG 6이 마지막 부여된 시리즈 번호라면, 비록 다음 기록이 ARG 6와 긴밀한 관계를 가지고 있지 않다고 해도 ARG 7이 그 다음 시리즈에 사용된다. 정기적으로 들어오는 기록 유형을 위하여 특정한 시리즈 번호를 예비해 둔다는 생각은 어려움만 가져오고 추천할 만한 것이 못된다.

시리즈 안에서 각각의 아이템이나 취급 단위는, 계속해서 이용 가능한 번호를 부여하는 것이 이상적이다. 그 번호는 사선(/) 뒤에 나타낸다.

아이템 : 대법원 판결문 제3권
            (volume 3 of the Supreme Court judgement books)   GRS 1/3

특정한 파일이나 아이템에 대한 완전한 영구기록참고코드는 영구기록 즉 기록군의 이름 (하위기록군코드가 사용되고 있다면 하위기록군코드), 시리즈 번호와 건 번호의 이름으로 구성된다. 이들이 모여 각 기록에 고유코드를 제공한다.

영구기록 참고코드   율도국 국립기록보존소   GRS 1/3

영구기록들이 일단 시리즈로 정리되어 있으면, 그 영구기록을 다른 시리즈로 옮겨 새로운 참고코드를 부여하는 것은 바람직하지 못하다. 옮기는 일은 단지 정리에서 있었던 과거의 오류를 바로잡는 데 절대적으로 필요한 경우에만 이루어져야 한다. 옮길 경우에는 이전의 것과 바뀐 참고코드의 관계를 설명하는 교차참고표를 제공해야 한다.

시리즈 등록(Registering Series)

기록관리기관은 거기서 수령했거나 생산한 모든 시리즈에 대한 영구적 기록이나 등록부를 보관할 필요가 있다. 기록군(group)과 시리즈 등록부는 결합될 수 있다. 만약 그런 등록부가 없다면 만들어야 한다. 등록부가 만들어지기 전에 시리즈가 이관되었다든지 하여 등록부에 모든 시리즈가 포함되어 있지 않다면 빠진 시리즈를 덧붙여야 한다. 시리즈 등록부의 보관 책임은 문서고 책임자처럼 전문요원 중 선임자가 맡아야 한다.

전문요원은 등록부가 믿을만한 자료(source)가 될 수 있도록 새로운 기록군이나 하위기록군 코드 및 시리즈, 건 번호가 할당될 때마다 기록군과 시리즈 등록부를 새롭게 재작성하는 일이 중요하다.

> *시리즈 등록은 기록을 구별하게 해주고*
> *원래의 질서에 따라 기록을 분류할 수 있게 해준다.*

　등록부의 목적은 단위업무를 확인하고, 그 속에 있는 새로운 이관 대상을 찾고, 단위업무의 외부적인 양에 대한 일반적인 정보를 제공하는 데 있다.

기록군과 시리즈 등록부의 예는 2과에서 살펴보았다.

　영구기록 시리즈 등록부(archive series register)는 관리와 통제를 위하여 그 시리즈가 얼마나 큰지, 다시 말해서 그것이 선반에서 차지하는 줄 수(linear amount)를 기록하는데도 이용될 수 있다.
　새로운 기록군이나 시리즈가 판별되면, 문서고(repository)에서는 다음에 이용할 수 있는 코드 문자와 번호를 할당해야 하고, 기록군과 시리즈 등록부에 그 세부사항을 적어 넣어야 한다. 세부사항에는 아래와 같은 것들이 있다.

- 기록군 문자(하위기록군이 있다면 번호도 함께)
- 기록군과 하위기록군의 제목(기록군에는 그 기록을 생산한 사람에 대한 간략한 기술 (description))
- 시리즈 번호
- 시리즈 제목(영구기록이 누구의 어떤 기록인지에 대한 간략한 설명)

　새로운 기록이 시리즈에 추가된다면, 다음과 같은 정보가 시리즈 등록부에 추가된다.

- 마지막 건(item) 번호
- 물리적인 양(차지하는 선반 줄 미터)

　시리즈 제목은 그 시리즈에 있는 영구기록이 무엇인지에 대한 간략한 지표를 제공한다. 시리즈 제목은 전문요원과 연구자가 시리즈에 대한 대강의 내용을 확인하는 데 도움을 준다.

관리적 정리와 지적 정리
(Administrative Arrangement versus Intellectual Arrangement)

정리의 원칙은 '지적(intellectual)' 원칙이다. 질서가 깔끔하고 명백하지 않다면, 기록을 '정리하는' 최선의 방법은 만족할 만한 질서를 찾을 때까지 종이장(sheet)에 카드나 단어를 재구성하거나 카드나 종이에 모든 시리즈의 목록을 만드는(listing) 데서 시작하는 것이다.

어떤 경우에는, 기록이 발견되었을 때의 상태대로 두고, '지적(intellectual)' 정리는 그 기록이 어떻게 그 시리즈에 '함께 들어가 있는지' 보여주는 데 그치기도 한다.

모든 기록이 식별되고 선택된 질서에 따라 정리된다 하더라도, 몇몇 기록은 보존 목적을 위하여 물리적으로 분리할 필요가 있을 수도 있다. 때로 너무 큰 기록, 종이문서나 표준이 아닌 아이템 및 대상은 그것을 보호하기 위하여 따로 보관한다.

> 기록은 지적으로 정리되었다해도, 훼손되기 쉽거나
> 표준이 아닌 기록을 보호하기 위하여 다른 질서에 따라
> 보관될 수 있다.

다수의 매우 작은 시리즈가 있거나 상자 공급이 모자라는 경우가 아니라면, 하나의 시리즈는 하나의 상자나 용기에 담겨야 한다.

시리즈의 정리에 대하여 결정할 때, 앞으로 그 시리즈에 더 이상의 기록 이관이 있을 것인지를 생각하는 것이 중요하다. 새로 받은 영구기록이 이미 소장하고 있는 시리즈에 들어갈 추가기록이라면, 각각의 추가기록(accrual)을 위한 새로운 정리가 뒤따라야 한다.

때로는 추가적인 문건이 그것이 속해 있는 기록(materials)보다 훨씬 나중에 보존소로 올 수 있다. 가장 좋은 방법은 새로운 기록의 기술을 검색도구안에 '파일로 끼워넣는(interfile)' 것이다. 그러나 이것이 영구기록의 재구성을 의미한다면 그 문건을 물리적으로 '파일에 끼워넣으려고' 해서는 안된다. 새로운 문건은 순서로 보아 훨씬 뒤에 있는 참고번호를 가질 것이고, 이로써 먼저 정리·기술된 기록과 구별된다. 새로운 아이템이 논리적으로 발견될 곳에 교차참고사항(cross - reference)을 그 시리즈에 꽂아 놓으면, 이용자는 새로운 아이템의 존재를 알게 될 것이다.

정리에서 어떤 문제점이 예상된다면, 시리즈를 더 좁게 정의하여 보다 많은 수의 작은 시리즈로 정리하는 것이 좋을 것이다.

4. 기술의 원리(Principles of Description)

> *기술(Description)* : 영구기록을 생산한 맥락과 기록체계 및 영구기록을 판별, 관리, 배치, 설명하는 데 도움이 되는 정보를 획득, 분석, 조직, 기록하는 과정

기술은 영구기록의 출처, 원본질서와 내용에 대해 서류상으로 나타냄으로써 영구기록에 대한 정리를 반영한다.

> 기술은 기록의 정리를 반영한다.

기술에 사용되는 국제표준은 1994년 국제기록평의회(ICA)가 발행한 국제표준기록물 기술 (General International Standard Archival Description. ISAD(G))이다. 이 기준은 국제적인 데이터 교환 시스템에 포함된 영구기록의 기술에 적용하기 위해 개발되었으나 여기서는 국제기록 기술표준의 기본구조로 사용되고 있다.

ISAD(G)는 영구기록의 기술을 위한 일반원칙으로,

- 개별 기록관리기관에서 지속적이고 적절하며 자명한 기술을 작성토록 하고
- 영구기록(archival materials)에 대한 정보의 교환과 검색을 촉진하며
- 인증된 데이터 공유를 가능하게 하고
- 서로 다른 전문기관의 기술을 단일한 정보시스템으로 통합 가능하게 한다.

일반적인 규칙으로서, 이 원칙들은 기술단위의 매체, 형태나 차원, 크기에 상관없이 영구기록의 기술에 광범위하게 적용될 것을 목적으로 하고 있다.

그 규칙은 뒤에 나오는 영구기록 기술에 대한 실무 지침에서 자세히 설명되고 있다.

5. 영구기록의 기술(Describing Archives)

위에서 설명한대로 기술은 연구자들이 기록을 이용할 수 있도록 서류상에 영구기록 (archival materials)을 표현하는 과정이다.

국제표준에서 정한 바대로, 영구기록의 정리와 기술에서 기본요소는 다차원규칙(multi-level rule)이다. 이는 승인된 정리와 기술에 따라 영구기록을 조직해야 함을 뜻한다. 영구기록의 기술은 일반적으로 이러한 각 차원 사이에 연결된 기술을 포함한다.

다차원규칙(Multi-level rule) : 국제표준기록물 기술(ISAD(G))에서 정해진 국제적으로 공인된 규칙. 영구기록 기술은 각각의 정리차원에 대해 완전하게 작성되어야 하고 이들은 서로 연결되어야 한다.

영구기록은 다양한 방법으로, 다양한 차원에서 설명할 수 있다. 다차원규칙의 국제표준에 따라서 전문요원(archivist)은 일반적인 것에서 구체적인 것까지 설명해야 한다. 먼저 기관(institution) 차원에서[12] 영구기록의 기술이 완료되고 나면, 다음으로 기록군(group) 차원, 하위기록군(subgroup), 시리즈를 거쳐 마지막으로 건별 기술이 이루어진다. 기술은 기록군이나, 하위기록군, 시리즈와 같이 더 높은 차원의 정리가 완료된 후에, 시간과 자원이 허락하는 경우에만 건(item)과 같이 더 낮은 차원에 대하여 완성한다.

> 기록에 대해 만들어지는 최초의 기술은 보통 기록군 차원의 기술로, 그 기록군 내의 기록 전체와 다양한 시리즈를 일반적으로 규정한다.

이 원칙에 따라, 보통 기록군 차원의 기술이 먼저 이루어지는데, 이는 기록군과 시리즈에 대하여 간략하게 설명한 것이다. 종종 이 기술에 이어 각각의 시리즈의 내용을 이루는 건 목록이 작성된다. 기록이 그들의 생애주기(life cycle)를 통하여 관리되어 왔다면, 건별 목록은 생산기관이나 자료관에서 기록관리기관으로 이관할 때 준비된 이관목록이나 요약목록의 형태로 이미 존재하고 있을지도 모른다. 그러나 이관목록이 기술 표준원칙의 요구에 부합할 수 있도록 신중해야하고, 그 중 필요한 부분은 수정, 정정, 보완하여야 한다.

많은 나라에서 기록군 차원의 기술을 '인벤토리(inventory)'라고 부르며, 여기에 보다 세부적인 리스트가 추가되기도 한다.

기록군 차원의 기술은 기록관리기관의 소장물을 개관하는 추가목록편람에 더해진다.

---

12) 이는 영구기록을 관리, 보존하는 기관, 즉 전문기관이 어디인가 하는 문제이다. 정부기록보존소, 국회기록보존소 등.

편람(Guide)(1) : 하나 또는 몇몇 기록관리기관의 소장물에 대한 일반적인 설명을 제공하는 검색도구(finding aid)로, 행정이나 다른 배경 역사를 포함하고 있으며, 일반적으로 기록군(group)이나 시리즈로 정리된다.

편람(2) : 하나 또는 몇몇 기록관리기관의 소장물을 기술한 검색도구(finding aid). 특정 주제, 시기나 지리적 구역, 기록의 특수한 유형이나 범주와 관련된다.

검색도구(Finding aid) : 출판 여부를 떠나, 기록이나 영구기록을 기술하거나 목록화한 문서(document)

영구기록에 대한 편람 개발(Creating a Guide to the Archives)

편람(Guide)은 기록관리기관의 소장기록에 대한 전반적인 검색도구이다. 편람은 기록군과 시리즈 차원에서 영구기록에 대한 정보를 제공한다. 건 차원의 정보는 건 목록에서 제공하고 있다. 기술의 정리는 국제기술표준에 부합해야 한다. 표8은 편람목록 표본이다.

편람은 기록관리기관 구성에 따라 부분별로 정리되어야 한다. 본부와 각 지역 내에서 각 기록군의 기록은 AMDI 1 - 99, KFC 1 - 99 등과 같이 문자와 숫자가 조합된 순서로 기술되어야 한다. 각 지역사무소는 편람 중 해당부분을 갱신하여 관리할 책임이 있다.

한 기록군이나 한 기록군 내의 시리즈 범위의 영구기록을 기술하기 전에, 편람에서 그 기관의 행정사, 기록을 생산했던 주요 구성조직과 그 진임자에 대해 개략적으로 설명하여야 한다. 편람은 기록을 생산한 과정도 설명해야 한다. 관계 입법도 인용해야 하며 행정적, 조직적 변화도 그 날짜와 함께 언급해야 한다. 출판된 책이나 기사(articles) 혹은 논문 등과 같이 다른 출처에서 더 많은 정보를 얻을 수 있다면 이 또한 언급해야 한다. 열람자들이 영구기록의 중요성을 이해하는 데 도움이 되는 기관의 행정사와 생산맥락에 대한 정보를 포함해야 한다. 영구기록과 그 내용, 정리의 이해와 관련된 것은 무엇이든 포함되어야 한다.

> 예 : 농업부의 기록은 화재로 심각하게 훼손되었던 1958년까지 Circles House의 등기소(registry)에 보관되었다. 그 화재 때 훼손되지 않은 약 40%의 기록은 그 해 이후 기록관리기관으로 이관되었다. 그것은 시리즈 AMD 4 - 6에 포함되어 있다.

기록관리기관 내의 다른 기록군들이 동일한 출처를 갖는다면 이 사실도 언급해야 한다. 특정한 시리즈와 관련된 구체적인 정보는 시리즈 기술에 포함되어야 한다.

행정적 역사를 설명한 후에 전문요원은 각 시리즈에 대한 기술을 한 곳에 모아야 한다. 이 작업은 시리즈를 인수하자마자 즉시 간략하게 행하고, 시리즈 리스트를 작성한 뒤 또는 이관목록을 확인하고 교정한 후에 더 완전하게 한다. 시리즈 기술은 표본 시리즈 기술서식 (표9)을 사용해서 이루어져야 한다.

기술을 복잡하거나 길게 할 필요는 없다. 기술은 단지 기록의 출처, 목적, 전반적인 내용을 설명해서 이용자들이 원하는 정보를 찾는 데 도움이 되도록 기록과 기록의 출처에 대해 간략히 설명하고 있을 뿐이다.

각 시리즈의 기술은 다음의 11가지 요소를 포함하고 있어야 한다.

1. 기록군 코드(group code)
2. 시리즈 번호(series number)
3. 시리즈 제목(series title)
4. 영구기록의 최초 날짜와 최후 날짜
5. 건 번호(number of item)
6. 영구기록의 물리적 상태
7. 문서(documents)에 대한 기술. 다음 내용을 포함한다.
   - 주제
   - 기능
   - 영구기록의 내용 요약
   - 중요한 보관 이력 정보
   - 직접 관련된 시리즈
8. 기록군에 행정사를 포함하고 있지 않은 경우, 시리즈의 출처
9. 시리즈 목록의 이용 가능 여부
10. 색인이나 다른 검색도구의 이용가능성
11. 문서 열람 조건

시리즈가 기록관리기관으로 이관되었지만 아직 완전한 목록작성이 안되었더라도, 그 시리즈가 있다는 것을 알 수 있도록 하는 것이 이용자들에게는 도움이 된다. 예를 들어 분류나 목록작성 중에 있기 때문에 그 시리즈를 참고용으로 이용할 수 없을지라도, 포함된 세부사항은 가능한 한 많이 이용자에게 알려야 한다.

시리즈를 하위 시리즈로 나눌 때, 각 하위 시리즈의 내용과 생산기간을 보여주기 위해서는 더 많은 분석이 필요하다.

편람을 이용할 수 있도록 다음 장소에 사본들을 비치해야 한다.

- 참고실에 적어도 2부의 복사본 : 연구 활용용 1부과 전문요원용 1부
- 향후 개정을 위한 편집실용 1부
- 문서고에 1부
- 각 지역사무소에 1부
- 기록관리기관의 책임자에게 1부

관련이 있는 부서에도 복사본을 분배해야 한다.

지역사무소는 영구기록에 관한 모든 정보를 전체 시스템 내에서 공유하도록, 그들 편람 중 그들에게 해당되는 부분의 사본을 하급 지역사무소에 보내야 한다.

편람은 최신 정보를 담아야 한다. 시리즈를 인수하여 건 목록을 완성하면 전문요원 중 한 명이 다양한 편람 셋트를 제작하기 위하여 그 리스트의 기입항목을 편집, 복사하는 일을 맡는다. 지역사무소의 장은 본부에서 보낸 수정본이나 증보판을 덧붙여 자신들의 소장본이 최신판으로 유지되도록 해야 한다.

워드 프로세스로 된 것이든 타이프로 된 형태이든 편람의 완성본은 정보를 쉽게 첨부할 수 있도록 낱장식(loose-leaf) 바인더나 폴더에 보관하는 것이 가장 좋다. 편람이 발행되면 현재 이용에 필요한 현용본은 제책하지 않고, 가제식 폴더 내의 바인더에 끼워 놓는다. 그러면 정기적인 업데이트를 더 쉽게 할 수 있을 것이다.

[연습 23]

또 다른 논의에 앞서 위에 열거된 11개의 핵심요소와 여러분의 기관에서 기술을 준비하는 데 사용되는 요소를 비교해 보라. 여러분의 기관에서 준비하고 있는 것이나 준비되지 않은 것, 혹은 여러분의 기관에서 추가로 준비한 것과 일치하는 요소를 리스트에서 골라 보라.

다음 쪽에서 영국(UK) 공공기록보존소(Public Records Office)의 국립기록보존소 편람 견본을 소개한다.

등록된 파일 : 철도 조사단(Railway Inspectorate: Ri Series)
MT114

철도 조사단은 철도에 대한 안전대책을 관리한다. 이러한 안전대책은 4가지 다른 영역으로 나뉜다. 철로의 점검, 사건조사, 직원의 건강과 안전, 운영시스템(operating system) 점검이다. 1840년의 철도관리법은 철도 조사단장과 2명의 조사 공무원을 임명할 권한을 상무이사장(the Present of the Board of Trade)에게 주었다. 그들은 새로운 철도의 건설과 장비에 관해 보고했고, 그들의 제반요구 사항을 만족시킬 때까지 철도개설을 연기할 권한을 부여받았다. 1871년 철도관리법은 조사관에게 사고를 조사하고 공적으로 조회할 수 있는 법적 강제력을 제공했는데, 조사관은 지금까지도 법적으로 이 권한을 가지고 있다.

철도원과 관련한 사건 조사는 일찌기 1858년 초에 조사관이 하였으나, 상무이사회에 노동자와 관련된 심각한 사건을 조사할 차석 조사관(지금은 철도 고용 조사관) 지명권을 준 1900년 철도고용법(사건보존법)이 입법되면서 법적 근거를 갖게 되었다. 1974년 노동 건강과 안전법(The Health and Safety at Work Act)은 조사관 업무의 이런 측면을 크게 증가시켰는데, 이 때 조사단은 전술한 철도에 대한 안전 입법 추진 책임을 지는 건강 및 안전 위원회 주무기관이 되었다.

철도조사단의 다른 중요한 기능은 새로운 운영시스템의 검사인데, 특히 전력사용의 도입과 자동화계획(schemes of automation)에 관한 것이다. 기존 법령 기능을 성문화한 1933년 도로와 철도법(the Road and Rail Act)에서는, 주 교통장관(the secretary of state for Transport)은 새로운 업무에 대하여 승인하기 전에 조사를 명령할 수 있었다. 또한 조사관은 모든 철도 문제에 대한 전문적 조언을 제공하기 위해 교통부에 고용되었다.

이 시리즈[class]는 철도 안전에 대한 다양한 면(주로 기차 사고와 새로운 작업)을 다루고 있는 파일을 포함한다. 파일은 주요 철도지역(남부, 서부, 동부, 북동부, 스코틀란드, 런던미들랜드, 런던교통)의 표제 하에 그룹으로 기입되어 있다. 1952년(MT 114/21 - 29)에 해로우의 3중 충돌 관련 파일과 1968년(MT114/ 1009 - 1020)의 힉슨 수준기교차사고에 대한 파일이 있다. 많은 파일이 수준기교차에 대한 안전도 수정과 관련 있다. 각 파일의 토픽은 앞의 참고사항(former reference)에서 첫 번째 숫자가 지시하는 것이다. 이는 한 특정 파일과 관련하여 나온다. 누락된 파일에 대해서는 여기 소개하는 안내(introductory note)에 따른다.

새로운 업무에 관한 철도 조사관의 보고서는 MT 29에 있는 1840~1949년 것인데, MT 30에 색인이 있다. 1854~1977년의 사건 보고서는(초기 의회 보고서와 함께) RAIL1053에서 찾을 수 있다. 원본 보고서는 MT 6에 있는 파일에서 찾을 수 있다.

MAF 256 등록 파일 : 과학자문국(SA Series)

1936년에서 1971년에 이르는 257개의 파일

PRO, Kew

그 국(局)의 서류는 1955년 식량부와 농림수산부의 통합 후에 다시 만들었다. 그 서류들은 도시 인구 및 담당 부처(the Services), 식품 품질 관리의 분석과 방법, 국립식량조사국이나 다른 식품 관련(dietary) 조사, 새로운 식량 원료 조사와 같은 식량 계획과 관련이 있다. 대다수의 이러한 파일은 초기에 과학자문국에서 만들었고, 1955년에 재등록되었다; 새로운 국에서 인수하지 않은 파일은 MAF 98에 있다. 새로운 국의 업무에 대한 변호부분(defence aspects)과 관련된 파일은 MAF 291에 있다.

PRO 편람 1부: 501/2/9, 501/2/27, 501/6/5 를 보라.

MAF 257 소 결핵 예방을 위한 오소리 도살 조사(MAF 275 Inquiry into Gassing to Badgers to Prevent Tuberculosis in Cattle)

1974년에서 1980년에 이르는 22개의 파일과 지도

PRO, Kew

쥬커만 백작의 조사를 지원하기 위하여 주무부에서 임명한 담당관의 서류. 거기에는 일련의 보고서 초안 복사본이 포함되어 있다.

대부분의 기록은 초기에 공개되었다.

PRO 편람 1부: 501/2/2 를 보라.

MAF 258 농림수산부와 농림수산식량무(MAF 258 Ministry of Agriculture and Fisheries and Ministry of Agriculture, Fishers and Food): 노동국(Labour Divisions): 등록 파일, 농업임금과 작업 환경(Registered Files, Agricultural Wages and Working Conditions)(WG 시리즈)

1924년에서 1982년에 이르는 69개의 파일

PRO, Kew

이것은 관련 초기 기록과 함께 1948년 농업임금법의 실행 및 그 법을 바탕으로 만들어진 농업임금위원회의 시행조치(enforcement of orders)를 다룬다.

어떤 기록은 50년 혹은 75년간 비공개.

PRO 편람 1부: 501/2/14를 보라.

표8 : 편람 목록 샘플

문건 목록 생산(Creating Item Lists)

일단 영구기록이 기록군과 시리즈안에 정리되어 이들 차원의 기술이 완성되면 기록 리스트를 만들 수 있다. 완전한 영구기록 리스트는 실제 기록에 대한 행정적 관리뿐 아니라 이론적, 논리적 관리를 가능하게 한다. 영구기록의 크기나 물리적인 특징, 상태 및 그 폭넓은 기능에 대한 노트가 있기는 하지만, 앞서 기술된 기록군과 시리즈에는 주로 행정적 또는 기록 보존의 역사를 포함하고 있다. 건 목록은 일반적으로 세부적인 영구기록의 내용에 대한 설명에 집중된다.

이 과에서 이미 언급한 바와 같이, '건'이란 용어는 정리와 기술의 물리적인 단위를 말한다. '철(file)'이란 용어는 문서과와 자료관에서 관리 단위로 이용되는데, 이 파일은 이용을 위하여 한 데 모여진 관련 기록의 집합이다. 종종 파일은 영구기록 관리라는 의미에서 정리와 기술의 단위이지만, 항상 그런 것은 아니다. 파일의 내용을 문서 하나 하나에 대하여 기술할 경우, 정리 단위는 여전히 파일이지만 기술 단위는 문서가 된다. 그러나 이러한 차원의 기술은 전문기관의 자원(資源) 이상의 의미를 갖는다. 일반적으로 정리와 기술 단위는 파일처럼 그 자체보다 큰 문서 집합체의 일부가 아닌 지도, 서명된 계약서 혹은 보고서와 같은 개별 문서일 수도 있다. 이 경우 각각 따로 기술하여 개별 참고번호를 주어도 된다.

기록군과 시리즈 차원의 기술이 완성되어야 리스트를 준비할 수 있다는 점을 인식하고, 건을 상세히 목록화하는 데에 너무 많은 시간을 소비하기 전에 전문기관의 모든 소장물에 대한 일반적인 기술이 있다는 것을 확인하는 것이 현명하다. 그렇지 않으면 전문기관은 어떤 선별된 기록 그룹을 위하여 한 둘의 아주 상세한 기술을 하면서, 다른 기록에 대해서는 아무런 기술을 할 수 없을 것이고 그 결과 당연히 연구 목적을 위한 접근이 불가능해질 것이다.

제대로 조직된 기록관리시스템에서는 기본 건 목록은 이미 이관목록의 서식에 나와 있을 것이다. 기본적인 건 목록은 그 질이나 정밀도에 있어 매우 다양하며, 이미 언급한 바와 같이 필요할 때 전문기관 요원이 점검, 편집, 보완해야 한다.

목록에는 어떤 한 시리즈 내의 기록만이 기술된다. 서로 다른 기록군이나 시리즈를 넘나들며 기록을 기술하지는 않는다.

> 목록(a list)은 기록군, 시리즈 차원의 기술 및 편람 항목(guide entry) 보다 더 세부적인 검색도구이며, 일단 기록군과 시리즈 차원의 기술이 완성되어야만 마련될 수 있다.

목록(list)에는 몇 가지 목적이 있다.

- 기록의 위치부여 : 목록은 각 건에 고유한 참고번호를 할당하며, 전문기관으로 이관된 모든 실제 기록에 대하여 기록군과 시리즈 안에서 완전한 소장목록(inventory)을 제공한다. 이 코드를 통하여 어떠한 특정 건을 확인, 발견할 수 있다.
- 출처 확인 : 목록은 영구기록을 이해하고 해석 가능하게 하는 출처(영구기록이 생산되고 업무에 사용된 제 맥락)에 대한 필수 정보를 기록한다. 적절한 기록군과 시리즈 기술에 대하여 목록을 상호 참고하는 것은 이러한 정보를 제공하는 좋은 방법이다.
- 내용 기술 : 목록은 이용자가 어떤 건을 이용할 지 결정할 수 있게 하는 내용(그 기록에서 다루고 있는 내용)에 대한 필수 정보를 기록한다.
- 관련된 기록 확인 : 목록은 문서고 내에 있는, 함께 참고해야 하거나(parallel) 관련된 기록에 대한 정보를 제공한다.
- 영구기록의 물리적인 상태에 대한 기술 : 목록은 문건의 물리적 특징, 형태, 상태와 그것을 이용하는 데 영향을 미칠 수 있는 관련 문제에 대한 정보를 제시한다.
- 접근 조건 설명 : 목록은 기록의 이용을 관리하는 접근(access) 조건을 말해준다.

목록의 일반적인 내용과 설계(General Content and Layout of the List)

목록은 항상 소개(introduction)와 목록 본래의 부분(list proper) 2가지 요소로 구성된다.

소개는 기록군/하위기록군과 시리즈 참고번호와 제목을 제공한다. 필요하다면 이관번호도 제시한다. 나머지는 그 시리즈의 모든 건에 공통된 전후 관계에 대한 정보나 기타 다른 정보(크기나 부피, 비교할 만하거나 관련된 기록, 물리적 특징, 상태, 이용 조건 등)를 제공한다. 만약 그 시리즈가 완전무결하게 보존되어 있지 않다면, 많은 이용자는 그 시리즈에 있는 기록을 평가하고 선별한 기준을 설명하는 소개 부분의 서술에 고마워할 것이다. 시리즈 목록에 대한 소개의 예는 표9에 있다. 특히 영구기록의 질서를 어지럽힐 정도로 시리즈에 대한 중복 이관이 있을 때는, 서로 다른 이관과 그 범위에 대한 내용이 소개에 포함되어야 한다.

목록 부분은 다음 규칙에 따라 확정된다.

- 기록군/하위기록군과 시리즈 코드는 각 페이지의 맨 윗줄에 표기한다.
- 그 목록의 각 문건은 그 건 자체의 유일한 참고번호를 통하여 확인한다.
- 각 문건의 성격(nature)과 내용은 명백해야 한다.
- 각 문건에 대한 정보는 그 전후의 건에 대한 정보와 분명히 구별되어야만 한다.
- 전형적인 목록을 표10에서 제시하였다.

내무부(Home Office)
위험 약물(Dangerous Drugs: DDA Symbol Series)과
약물 기록 사례(DRC Symbol Series) 파일
HO 319

　본 시리즈[class]는 1949부터 만들어진 내무부의 DDA(위험 약물) 시리즈와 DRC(약물 기록사례) 시리즈에서 선별한 파일을 포함하고 있다. HO 223의 소개부분에는 기호 시리즈 등록시스템을 설명하고 있고, 그 글에 대한 부록1에는 기호와 그 의미에 대한 완전한 리스트를 포함하고 있다.

　본 시리즈 내의 파일은 위험약물에 대한 내무부의 책임과 의무에 관한 것이며, 총무처의 기능과 책임 일부를 보여주고 있다.

　그 파일은 주요한 정책과 법령의 개정에 내무부가 개입하고 있음을 보여주는데, 특히 1951년 위험약물법(Dangerous Drugs Act), 1953년과 1968년의 위험약물규칙(Dangerous Drugs Regulations), 1967년 위험약물법안(Dangerous Drugs Bill)과 1971년의 약물남용규제법(the Misuse of Drugs Act)와 같은 법령들과 관련이 있다.

　DDA(위험약물) 정책 시리즈는 아래와 같이 위험한 약물에 관한 부처의 포괄적인 책임을 보여준다: 신개발 또는 기존 약물의 제조, 공급, 재고, 관리, 폐기; 수입과 수출, 밀거래, 밀수; 약물 지국검사관; 경찰과의 연락; 병원, 화학자, 의사, 치과의사, 요양소, 건강센터, 응급기관에 의한 사용; 중독의 모든 유형 등.

　DRC(약물기록사례) 시리즈는 개별 중독자들에 대한 사례 파일(case files)로 구성되어 있다. 본 시리즈에 포함된 세 개의 파일(16 - 17 피스)은 그 사례로부터 나온 소규모 정책을 포함하고 있다.

　파일 번호(예를 들면, DDA (1959) 2/14/8)를 따르거나, DDA 기호 시리즈 표제(예를 들어, DDA 67)를 따른 날짜는 그 파일이 생산되었을 것으로 추정되는 연도를 나타낸다. 그러나 종종 그것은 어떤 특정한 주제에 대한 첫 번째 하위파일(subfile)이 생산된 연도만을 의미하는 경우도 있다.

　어떤 기록(pieces)은 50년 동안 공개가 금지되었고, 어떤 것은 일찍이 공개되었다.

　위험약물과 관련된 초기 내무부 기록들은 HO 45와 HO 144에 있다.

　또한 PRO 최신편람 1부: 401/2/14를 보라.

표9 : 시리즈 목록

PREM 13	날짜(Date)	기술(Description)	이전참고 (Former Reference)
1187	1966. 3.	보안(Security) - 계속 여왕 언론보좌관실(HM The Queen's Assistant Press office)이 내각 문서(Cabinet boxes)에 접근 가능한 지에 관한 문제	
1188+ 1189	1966. 5.~6.	예산 비밀(Budget secrecy): 내각 연대 책임에 관한 헌법상의 근거(implications)	
1190	1965. 9. ~1966. 1.	보사드와 알렌의 사례: 안보 위원회(security commission)의 보고서에 이은 특별조사단의 보고서; 3부(PREM 13/581을 보라)	
1191+ 1192+ 1193	1965. 5. ~1966. 7.	국방문제에 관한 언론 기사: 재무성 회계장관(Paymaster General)의 비밀누설 여부 조사; 정보누출혐의를 부인한 국방장관과 해군참모총장	
1194	1966. 9.~10.	클라이드 조선에 대한 기사 누출의 책임이 다우닝가 10번지(영국수상, 재무장관의 관저가 있던 곳)에 있다는 주장: 재무성회계장관과 추밀원의장(Lord President of the Council) 사이의 편지	
1195	1966. 6.~7.	데일리 익스프레스 지(紙)의 항공국(Ministry of Aviation) 재조직에 관한 기사; 정보누출 가능성; 조사	
1196	1964. 10. ~1966. 3.	워싱턴과 런던 사이에 전신타자기 연락망(teleprinter link)을 통해 교환된 메시지	
1197+ 1198	1966. 10. ~11.	교도소 자주관리제도(honours systems), 어부 파업과 잠비아 관련 신문기사: 정보누출 여부에 대한 조사	
1199	1966. 11.	영국수상과 남아프리카공화국 수상 사이의 메시지의 교환: 로이터 지(紙) 기사;정부가 누출한 것으로 알려짐	
1200	1966. 6. ~7.	안보위원회 설치와 기능: 1921년 제정된 조사(증거)재판소(Tribunals of Inquiry (Evidence)) 법령에 대해 영국 여왕기금(HM Treasury)이 왕립위원회(Royal Commision)에 제출한 메모.	

+ 3(4) 구역(Section)에 소장

표10 : 다양한 항목(entry)을 가진 시리즈 목록의 예

'기술'이라는 표제의 항에는 맥락을 알 수 있는 정보, 유사하거나 관련된 기록, 물리적 성격이나 조건, 전체 리스트나 리스트 내의 다른 아이템에 적용되지 않는 이용 조건 등과 함께 문건의 내용에 관한 정보가 들어간다.

문건 목록은 보통 표로 만들고, 다음 정보를 포함한다:

- 각 페이지의 표제에 기록군/하위기록군과 시리즈 참고코드
- 문건 참고번호
- 이전의 참고코드('이전의 참고코드'란 말은 기록이 초기 활용 또는 준활용 시기에 아이템을 구별하기 위하여 쓰였던 참고번호나 코드를 말한다. 이 정보는 각기 다른 시기에 기관에서 사용된 기록 체계를 판단하거나 기록간의 연계성을 제공하는 데 유용하다)
- 기술(필요한 관련 정보를 포함한 내용 정보)
- 기록에 포함된 데이타

(쓰지 않을 특별한 이유가 없다면) 같은 레이아웃이 모든 문건목록에 쓰일 수 있다. 규격화된 제시를 통하여 사용자는 그들이 필요한 문건을 판단하고 요청할 수 있다. 표준화된 인쇄 목록서식을 제공하는 것이 바람직하다. 컴퓨터를 사용할 수 있다면, 표준 포맷을 통하여 더욱 일찍 리스트를 만들 수 있다. 컴퓨터의 템플리트는 표준 포맷으로 리스트를 만들 수 있게 해주는 것으로서 추천할 만한 방법이다.

'기술'란에 기재사항 완성하기
(Completing Entries in the 'Description' Column)

보통 기술은 간결해야 한다. 그러나 정확성이 간결한 것보다 더 중요하다. 내용을 정확하게 보여주기 위해 기술이 길어진다면 그것은 상관없다. 그러나 이야기식의 기술은 안된다.

해당 문건에 대한 설명은 원본 파일 제목으로 시작한다. 그러나 파일의 내용은 때로 그 제목이 가리키는 것과 아주 다를 수 있다. 그러므로 파일 제목이 저절로 내용을 완벽하게 설명하고 있다고 생각해서는 안된다. 전문요원은 파일 내의 실제 주제를 정하고, 목록이 그 주제를 반영하도록 해야 한다. 이것은 이관 목록이 영구기록 목록의 기초로 사용될 때에도 마찬가지로 중요하다.

문건에 대한 기술은 종종 원본 파일의 제목과 동일하거나 비슷하다. 파일의 경우, 이것이 파일 표지의 제목이 될 것이다. 그러나 가끔 파일의 내용은 그 제목이 표시하는 것과 상당히 다를 수 있다. 그러므로 파일 제목들을 자동적으로 완전한 기술로 이용해서는 안된다. 기록

관리 전문요원은 파일에 실질적인 이름을 부여해야 하고 목록이 이들을 반영하도록 해야 한다. 이것은 이관목록이 영구기록 목록의 토대로 사용될 때와 마찬가지로 중요하다.

명확하고 자연스런 언어를 쓰는 것이 가장 좋다. 기술적이거나 전문적인 언어를 사용할 필요가 있다면 사용된 용어에 대한 설명이 있어야 한다. 그러한 용어들이 하나의 목록에서 반복되는 경우라면 도입부분의 용어집에 용어설명을 넣을 수 있다. 과장된 언어만 피한다면 기술을 시작할 때 키워드를 사용하는 것이 도움이 될 것이다.

사람, 법인체(예를 들면, 위원회나 부처), 주(州)의 문서과, 법령, 간행물의 이름을 정확히 인용하고 확인해야 한다. 이러한 이름과 지명을 기록한 공신력 있는 목록을 확보해야 한다.

만약 이름이 약자라면, 최초 참고사항(first reference)에서 원래 이름을 모두 적고, 괄호 안에 약자를 넣어 두어야 한다. 만약 어떤 목록이 길어서 여러 개의 약자를 포함하고 있다면, 소개 부분의 일부를 할애하여 '약자(略字)해설목록'을 넣어두는 것도 유용할 수 있다.

국제표준 ISAD(G)는 정보의 반복을 경계하고 있다. 한 시리즈 내의 모든 문건 혹은 많은 문건에 공통되는 데이터는 시리즈 기술에 집어넣어 데이터가 반복되지 않도록 하는 것이 가장 좋다. 그러나 기술 내용을 공유하는 서로 연결된 몇 개의 문건이 있거나 그 데이터가 더 높은 차원의 기술에서 주어지지 않는다면, 그 정보를 반복하는 것이 최선이다. 위와 같음을 의미하는 ' ″(ditto)'나 '―' 마크를 사용한다든지, 공란을 남겨놓으면 혼동의 여지가 있다. 특히 그 목록이 나중에 컴퓨터 처리된다면 더욱 그렇다.

만약 어떤 문건이 생산배경, 유사하거나 관련된 기록물, 물리적 성격이나 상태 및 이용 조건 등에 대한 구체적인 각주가 필요하다면, 이 정보는 기술 항목의 주요 기재사항 뒤에 새로운 선을 그어 괄호 안에 추가할 수 있다. 지도와 사진을 포함한 것이나 기록관리기관의 어떤 다른 중요하고 특별한 관심사와 관련된 정보도 마찬가지 방식으로 처리할 수 있다.

표준 문건 목록 서식(Standard item Listing Form)			
기록군/시리즈 참고: .... 시리즈 제목:			
문건 번호	날짜	기술	이전 참고번호

표11 : 표준 문건 목록 서식(Standard item Listing Form)

기술 색인작업(Indexing Description)

검색도구는 기록관리기관에서 기록에 대한 기본적인 열람(access)을 제공하는 아키비스트가 준비한다. 대부분 사용자들은 검색도구를 통하여 어떤 시리즈와 문건(items)이 그들이 참고해야 할 것인지를 확인할 수 있어야 한다.

그러나 많은 독자들은 구체적인 문제를 해결하기 위하여 기록관리기관에 오면서도, 어떤 기록군과 시리즈에 그들이 얻고자 하는 정보가 포함되어 있는지 알지 못한다. 이들 이용자를 안내하여 소장기록물을 충분히 이용하도록 하기 위해서는 이름, 장소, 사건과 주제에 초점을 맞춘 색인을 작성하는 것이 편리하다.

색인은 관련 소장물을 독자에게 일러주는 중요한 도구이다. 좋은 색인이 있으면, 전문기관에서는 목록을 편집하는 직원이 전문적인 작업을 하는 데 계속 사용할 수 있고, 이용자들도 빠르고 정확한 탐색이 가능해짐으로써 모두 시간을 절약할 수 있다.

색인 제공업무는, 재원이 한정된 기록관리기관에서는 중요도가 떨어지는 업무일 수 있다. 그러나 이 경우 이용자들이 편람과 목록을 이용하고 그들의 조사에 관련된 정보를 판단하는 데에 담당직원에게 훨씬 더 의지하게 될 것이다. 그러므로 색인화는 기록물 활용의 개선만이 아니라 직원들의 시간을 경제적으로 이용하도록 해준다.

검색도구체계에 포괄적인 색인을 포함시키는 것은 고려해볼 만한 작업이다. 색인은 정리의 모든 차원의 영구기록에 대하여 작성할 수 있다. 편람에 있는 정보를 추출하여, 시리즈 차원의 색인과 함께 시작하는 것이 보통이다. 이 같은 방법으로, 새로운 정보가 편람에 더해짐에 따라, 색인도 업데이트할 수 있다. 만약 편람 색인(guide index)이 없다면, 색인 계획은 이관등록부를 항목 자료로 이용하여 시리즈 차원의 색인을 편집하는 데서 시작하게 된다.

편람과 시리즈 차원의 색인을 만들고 목록을 편집하고 나면, 이 목록으로부터 색인을 만드는 것이 좋다. 이러한 색인은 파일 또는 문건 차원에서 문서고 소장물에 대한 가치 있고 상세한 정보를 제공할 수 있지만, 편집하는 데 많은 시간이 소모된다. 시작했다면 자료가 이용가능하도록 그 색인을 유지하는 일이 중요하다.

색상 코드의 사용은 색인의 기입사항을 분명하게 해주는 가장 좋은 방법이다. 예를 들어 파일이나 문건 차원의 기재사항 카드는 녹색으로 하고, 시리즈 차원에서는 파란색으로 한다. 색인 참고사항은 기술된 차원을 보여주는 완전한 영구기록 참고코드를 제공해야 한다.

색인은 일관되어야 효과적이다. 그러기 위해서 전문요원 중 한 사람이 색인을 담당해야 한다. 이 담당자는 작업을 위한 알맞은 규칙과 가이드라인을 고안할 수 있도록 색인분야에서 전문적인 훈련을 거쳐야 할 것이다.

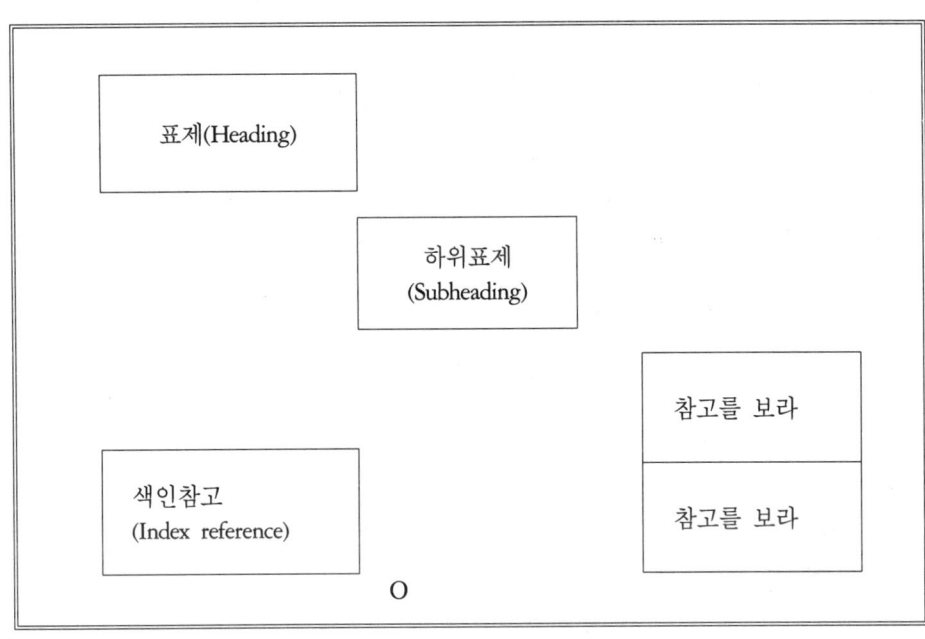

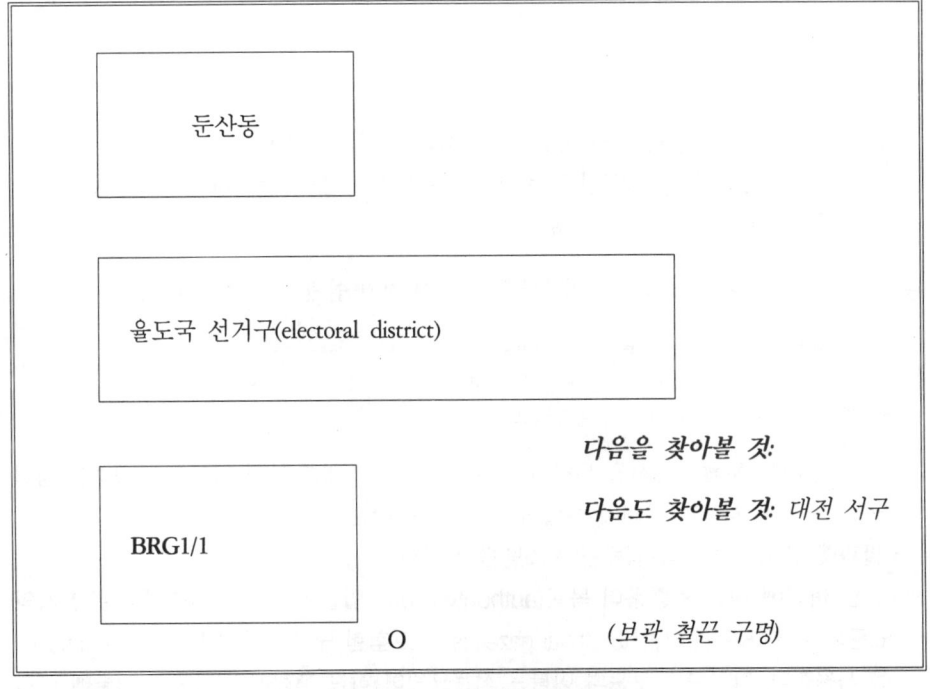

표12 : 색인 카드 표본

색인작업을 위한 규칙, 지침, 표준
(Rules, Guidelines and Standards for Indexing)

색인작업에는 여러 일반적인 규칙과 표준이 적용된다. 모든 대단위 색인은 엄격한 관리를 필요로 하는데, 그렇지 않으면 일관성의 부족으로 그 유용성이 대폭 감소된다. 규칙과 표준은 색인 담당 전문요원이 정하는데, 언제든 색인에 기재사항을 추가하는 모든 사람이 반드시 사용하게 될 인증용어 목록(authority list)을 작성하는 것도 전문요원의 임무이다.

> *색인이 효과적이고 일관되기 위해서는 규칙과 지침에 따라 만들어야 한다.*

일관성과 정확성을 유지하기 위해, 색인에 기입할 사항은 기록관리기관이 정한 표준과 규칙에 따른다는 점을 모든 직원은 숙지해야 한다.

용어 인증 관리서(authority control)를 만드는 데 대한 규칙은 또 다른 국제 표준, 즉 1996년 ICA(International Council on Archives)에서 입안한 ISAAR(CPF)(International Standard Archival Authority Record for Corporate Bodies, Persons and Families)에 나와 있다. 표13은 그 발췌본이다.

용어 인증 관리(Authority control) : 이름, 주제 그리고 형식처럼 독특한 선택가능한 접근포인트를 검토, 허가하여 그것이 정보검색체계에서 계속 적용, 유지되도록 하는 과정이다.

접근점(Access point) : 기록물을 검색 때 찾기 쉽게 하는 기술의 요소

규칙과 표준에는 다음 사항이 포함된다.

- **표준 철자와 문체** : 규칙을 통하여 구체적인 참고서(예를 들어 용어를 제공하는 영어 및 기타 언어 사전과 용례나 용법에 대한 편람 같은 특수한 참고서)를 정한다.
- **알파벳 순서** : 하나의 확립된 시스템을 사용한다.
- **법인 이름에 대한 인증용어 목록(authority lists)** : 법인이나 정부 이름에 대한 철자의 표준화를 위하여 관보(官報, official gazettes)를 포함한 구체적인 참고 기록(documents)을 사용한다. 그러나 대부분의 이름은 전문요원이 하는 행정사와 기록군 기술에 대한

분석 작업 중에 얻어진다. 인증용어 목록(authority list)은 또 기록군 및 하위기록군의 목록을 포괄해야 한다.

- **개인 이름에 대한 인증용어 목록(authority lists)** : 다시, 상세한 참조기록과 형식에 대한 규칙 그리고 이름의 순서 등은 이 목록이 정확히 색인되도록 해준다.
- **장소 이름에 대한 인증용어 목록(authority lists)** : 이는 보통 사용되는 지명색인(gazetteer)을 근거로 한다. 장소 이름은 광범위한 지역명이 지방 또는 지역적 분류에 따른 구체적인 장소의 이름을 포함하도록 계층적으로 구성하는 것이 유용하다.
- **주제용어에 대한 시소러스(thesaurus)** : 시소러스는 보통 기록관리기관에서 기술에 대한 경험을 기초로 전문요원이 만든다. 그러나 이미 만들어진 시소러스도 사용할 수 있다.

시소러스(Thesaurus) : 동의어, 위계관계, 기타 관계, 종속관계 등을 보여주는 관리되고 조직된 핵심어

- **대조 참고 이용 규칙** : 이것은 '…을 보라(See)'와 '…도 보라(See also)'는 식의 참고사항들이다. 유사한 의미의 단어가 문제되는 경우에는 사용빈도가 높은 것으로 결정하도록 규정하고 있다. 그 규칙들은 시소러스와 긴밀한 관계를 가질 것이다.

색인의 구조(Structure of the Index)

색인의 기입사항은 4가지 요소로 구성되어야 한다.

1. 표제(headings)
2. 하위표제(subheadings)
3. 색인된 자료(material)를 위한 기록참고사항(archival references)
4. 상호참고사항(cross - references)

카드 형식의 색인 예는 그림 12를 보라
표제(표목)는 다음으로 구성되어 있다.

- 법인 이름(정부 부처, 법원, 위원회, 또는 사업체)
- 개인 이름(식민지 총독, 장관, 공무원, 선교사)
- 장소 이름(국가, 도시 또는 군)

- 주제/기능(초중등학교, 대학, 무역, 배심, 또는 토지허가)
- 기록(record) 유형(회계, 지도 그리고 도면, 또는 사진)

이 표제는 기록관리기관이 고안한 인증용어목록(authority lists)에 따라 작성된다.

하위표제는 중심 표제의 특정한 측면에 초점을 맞추어 한정해 주는 용어이다. 중심 표제와 하위표제에 해당하는 용어를 설정하는 인증 체계에는 규칙이 있어야 한다.

하위표제는 그 표제 아래 알파벳순으로 정리된다.

대조참고는 다음과 같은 유형이 될 수 있다.

- '…을 보라(*See*)' 식의 참조는 사용빈도가 높은 단어를 이용자에게 알려준다.
- 암소.(Cows) '소'를 보라.(***See***: Cattle)

이 경우, 암소에 대한 참고사항은 소 아래에 위치하고 있음을 나타낸다.

- '…도 보라(See also)' 식의 참조는 유사하거나 관련된 의미를 가지고 있으면서도 시소러스에도 포함되어 있는 색인 내의 다른 기입사항을 이용자에게 알려준다.
- 황금해안.(Gold Coast) '가나'도 보라.(***See also***: Ghana)

이 경우 색인은 양 쪽 단어에 참고사항을 포함한다. 따라서 이용자는 2가지 용어에서 찾아야 한다.

각 색인 기재사항은 기록을 식별하기 위하여 가능한 한 완벽한 참고내용을 포함해야 한다. 완벽한 영구기록 참고코드를 모든 색인 참고에 적어야 한다.

색인 이용(Use of the Index)

색인이 카드형일 경우, 안전한 보관함에 담아 조사실에서 보존해야 한다. 색인카드는 위임받은 요원만이 옮길 수 있다. 색인은 모든 이용자, 즉 직원과 일반인 모두 이용할 수 있어야 한다.

색인화 프로젝트는 필연적으로 앞으로는 컴퓨터를 이용하게 될 것이다. 만약 처음부터 기준과 가이드라인을 개발하고 준수하면, 색인을 수작업에서 자동화된 시스템으로 전환하는 것은 상대적으로 쉬울 것이다.

> 색인화는 소장물의 구체적인 정보에 접근하는 데 도움이
> 되지만, 시간이 걸리고 복잡한 작업이 될 수 있다.

2. 정보영역(Information Area)

목적 :

인증 용어 목록(authority entry)의 명단에 오른 법인체, 개인 또는 조직을 설명한다.

규칙(rule) :

기록을 생산한 기관이 사용한 국가 또는 국제적 협약 또는 규칙에 따라, 아래 구성요소에서 구체화된 적당한 정보를 기록한다.(사용된 규칙은 3.2에 상세히 서술) 이들 협약 또는 규칙은 필요로 하는 최소한의 구성요소와 그것이 어떻게 구성되는지를 자세히 서술한다.

2.1 법인체

2.1.1 법적 번호

회사등록번호처럼 공적 권위에 의해 법적 번호가 부여되는 나라의 법인체를 식별하기 위한 공식 번호. 그 번호가 이용되는 특징에 의하여 나타난다.

2.1.2 명의

그 법인체를 알아볼 수 있는 명의로, 인증 용어 목록에 사용되는 이름 이상의 내용을 포함한다. 예를 들어, (a) 같은 이름의 다른 표현 (b) 다른 명의들, 즉 시간이 지남에 따른 명의 변화

예 :

(a) 역사 수고 위원회(Historical Manuscripts Commission)

(영국에서는 왕립 역사수고 위원회(Royal Commission on Historical Manuscripts)라고 기입)

의류노동자회사(Clothworker's company)

(영국에서는 명예방직노동자회사(Worshipful Company of Clothworkers)라 기입)

(b) 국립기록보존소(archives) 1790 - 1800

대영제국 기록보존소(1800 - 1814)

왕립 기록보존소(1815 - 1848)

대영제국 기록보존소(1850 - 1870)

(프랑스에서는 국립기록보존소(Archives nationales)로 기입)

2.2 사람

2.2.1 (사용하지 않음)

2.2.2 이름: 그 사람을 알아볼 수 있는 이름으로, 인증 용어 목록에 사용되는 이외의 내용을 말한다. 예를 들어, (a) 같은 이름의 다른 표현, (b) 다른 이름, 예로 필명, 여성의 결혼전의 이름 등처럼 시간이 지남에 따라 변한 이름, (c) 개인이 가진 귀족 작위, 명예 작위처럼 이름 앞뒤에 붙는 작위.

예 :

(a) 세익스피어(Shakespear, Shakspere...)

(영국에서는 세익스피어 윌리엄(Shakespeare, william)이라 기입)

(b) 메어리 월스톤크라프트 굳윈(Mary Wollstonecraft Godwin...)

(영국에서는 월스톤크라프트 메어리(Wollstonecraft, Mary)라 기입)

(c) 웰링톤 공작1세(first Duke of Wellington)

(영국에서는 웰레스리 아더(Wellesley, Arthur)라 기입됨)

표13 : 용어 인증 관리의 예

출처: ICA 승인 아래 사용하는 ISAAR(CPF) 웹사이트에서 따옴
http://www.archives.ca/ica/dds/isaar‑e.html

기술의 유지(Maintaining Descriptions)

　기록관리기관은 모든 기술 작업(descriptive work)에서 질적 관리가 이루어지도록 해야 한다. 기술은 최신의 것이어야 하고, 정확해야 하며, 대체된 기술내용은 혼란을 주지 않도록 가능한 한 곧바로 삭제되어야 한다.

> *모든 기술은 효과적이고 믿을 만한 것이 되려면*
> *최신의 것으로 유지되어야 한다.*

　기록군 차원의 기술, 소장목록(inventories), 지침사항(guide entries), 시리즈 기술 어느 것이든 준비된 모든 기술의 사본은 아래의 곳에 분배되어야 한다.

- 검색부서(독자용)
- 검색부서(직원용)
- 기관장실
- 편집실
- 자료관(records centre)
- 각 지방기록관리기관

　기관의 직원들은 기록관리기관의 모든 편람 사본이 최근의 것이 되도록 해야한다.
　편람은 새로운 기록이 수집되거나 열람이 제한되었던 기록이 이용가능해짐에 따라 계속 업데이트되기 때문에, 업데이트할 때마다 전체 편람을 다시 만들지 않고 정보를 추가할 수 있는 시스템을 개발하는 것이 유용하다.
　자동, 수동 어떤 체계를 이용하든지 내부적으로 새로운 정보가 쉽게 추가될 수 있도록 가제식 홀더에 편람 사본을 가지고 있는 것이 현명하다. 편람이 출간되면 그 사본을 풀어서 폴더에 추가페이지를 붙인다.
　일반적으로 편람은 출간하여 다른 연구기관들에 배포하고 대중들이 이용할 수 있도록 한다. 편람의 발간과정은 다른 정부간행물과 일관성을 유지하기 위하여 정부의 출판소와 협력하는 것이 좋다.

목록의 유지(Maintaining the Lists)

목록은 정확해야 하고 공식 표준에 따라야 한다. 기록관리기관의 책임자는 목록 작업을 책임지는 기록보존소 직원을 위한 훈련 프로그램 계획을 세워야 한다.

목록을 수정하거나 추가할 때, 직원은 원본(the master)에서 만들어진 사본을 정리해야 한다. 대체된 페이지를 제거하고, 이 사본은 사무실에 세트로 편철해야 한다. 문서고의 안전한 장소에 모든 목록의 제1사본(master copy)을 보존한다. 직원은 그것이 완전하고 좋은 상태를 유지하도록 사무실용 목록세트를 정기적으로 체크해야 한다. 완전하지 못하거나 좋은 상태에 있지 않다면, 공급될 대체 페이지에 대한 정리작업이 이루어져야 한다. 지역 사무소는 참고용으로 자체목록에 대한 각각의 사본을 본부로 보내야 한다.

기술의 유지기술의 검토와 평가 결정
(Evaluating Descriptions and Appraisal Decisions)

> *기술작업을 통하여, 때로는 평가 결정을 재고하게 된다.*

이 모듈을 학습하면서 보았듯이, 영구기록과 그 일관성 있는 시리즈에 대한 정확하고 유용한 기술을 준비하는 것이 중요하다. 기록, 특히 비조직적인 기록을 이해하고자 할 때, 다수의 정보가 누락되었거나 불완전하다는 사실을 명심할 필요가 있다. 소급적으로 기록을 정리, 기술할 때, 전문요원은 그 기록을 재평가할 충분한 시간과 작업 환경을 확보해야 한다. 예를 들어, 좀더 세심하게 검사해 보면, 수집된 기록 중 어떤 것은 하찮거나 적어도 영구보존 비용을 들일 가치가 없는 것일 수도 있다. 같은 기관(사람)에 의해 생산된 기록도 다른 형태나 더 완전한 형태로 어딘가에 소장되어 있기도 한다. 생산자가 수집물 중의 어떤 서류에 대해 소유권이 있는지 없는지에 대한 문제가 발생할 수도 있다. 아래의 연습은 기록이 기술 과정에서 재검토될 때 발생하는 평가(appraisal) 관련 문제를 숙고하라는 뜻에서 제시한 것이다.

> *평가에 대한 더 많은 정보를 얻기 위하여 『기록평가시스템』을 보시오*

[연습 24]

　3가지 수집물에 대한 기술을 첨부한다: 이 내용정보는 실제 수집물의 기술에서 가상한 것이다. 주의 깊게 읽고 아래 과제를 풀어 보라.

1. 전체 수집기록 정보의 정확성과 유용성에 대하여 논평하라. 어떤 정보가 옳고 유용하게 보이는가? 어떤 정보가 의심스러운가? 기재사항이 생산자나 기록의 성격, 생산자와 기록의 관계에 대하여 명료하게 서술된 정보를 제시하고 있는가?

2. 같은 형식으로 각각의 기록에 대하여 더 정확하고 일반적인 수집물 기술을 해보라.

3. 각각의 경우에 대하여, 여러분이 기록을 소유한 기관의 직원이고, 각각의 수집물을 받아들이기 위하여 이미 내려진 평가 결정(appraisal decision)을 재검토하도록 요구받았다고 가정하자. 각 기록물의 가치에 관하여 여러분은 어떠한 의견을 내겠는가? 기록의 전부 또는 일부를 남긴다거나 아무 것도 남기지 않겠다는 결정을 내릴 때 어떠한 사항들이 영향을 미치는가?

버마기 소재 국립 영구기록 및 수고본 등록소	A-83
성명	프레이저(FRASER, Rt. Hon Peter), 1884 - 1950
기록의 형태	종이류(Papers)
생산연도	1936 - 1950
기록물 분량	1.2 미터
보존장소	버마기, 국립기록보존소
기술	1884년에 스코틀랜드에서 태어난 프레이저는 1911년 버마기로 이주하였고, 좌익 정치와 노동조합에서 활동하였다. 그는 1916년 버마기 노동당을 만드는 데 두드러진 역할을 하였고, 1918년에 의회에 선출되었으며, 노동당 의회의 비서가 되었다. 1933년 노동당 의회 부당수(deputy leader)가 되었다. 1938년 내각에서 그는 교육, 보건, 해군과 경찰 장관(portfolio)을 맡았고, 후에 내무부(Aboriginal Affairs)를 맡았다. 1939년 수상 대행이 되었고, 1940년 3월에 수상이 되었다. 그는 1949년 선거에서 패배하였고, 1950년 12월 사망하였다. 　이 서류(papers)에는 내각에서 프레이저가 일하는 동안의 메모와 노트, 그리고 개인적, 정치적, 업무관련 사항이 담겨져 있다. 거기에는 실제적인 정치적, 행정적 기록은 포함되어 있지 않고, 성격상 다방면에 걸친 일상적인 것들이다. 편지는 주로 고위기관에 있는 사람들과 주고받은 의견교환인데, 정당의 정치적인 일과 작은 공무에 대한 내용도 포함되어 있다. 또 이 서류에는 총선 캠페인과 연관된 연설노트와 사전메모가 포함되어 있다. 거기에는 일반의 흥미를 끄는 오려진 신문기사도 있다.
이용가능 조건	제한 없음
(원본이 아닐 경우) 형식	
원본 보존장소	
성명 표제 (NAME ENTRIES)	켐프(Kemp, H.J.M.)
검색도구	목록(List)

호주 국립 영구기록 및 수고본 등록소	A 86
성명	로버트(ROBERTS, James)
기록 형식	종이류
생산연도	1891 – 1957
기록물의 양	11.2 미터
보존 장소	빅토리아 대학 도서관 노동 기록보존소
내용정보	로버트는 버마기 워터사이드 노동자 조합이 재구성된 1916년에서 그가 전시(戰時) 대책 위원회의 위원으로 임명된 1940년까지 위 노동조합의 비서였다. 또 그는 1919년 설립되어 1937년 해체된 운송노동자 자문위원회와 호주 노동동맹의 위원장이었다. 그는 1950에서 1959년까지 시드니의 평의원이었고 1947년부터는 M.L.C였다. 이 기록은 주로 의사록, 서신파일, 재정 보고서, 클립된 파일 형태의 워터사이드 노동조합(1891 – 1945), 운송노동자 자문위원회(1916 – 1922), 노동동맹(1919 – 1938) 등의 업무 기록(working records)인데, 모두 드문드문 빠져 있다. 여기에는 노동동맹과 제휴한 몇몇 다른 노동조합에 대한 기록, 1957년의 여러 시의회 기록, 그리고 얼마간의 사기록이 따로 떨어진 채 포함되어 있다.
열람상태	열람제한. 자세한 정보는 대학도서관 사서에게 연락할 것.
기록의 형태 (원본이 아닐 경우)	
원본의 보존장소	호주 워터사이드 노동자조합
성명 표제 (NAME ENTRIES)	호주 노동자 동맹, 호주 운송노동자 자문위원회
검색 도구	목록(List)

뉴질랜드 국립 영구기록 및 수고본 등록소	A-79
성 명	해롤드(HAROLD LOGAN) (말)
기록 형태	종이류
생산연도	약 1900 - 1969
기록물의 양	1권 5 파일까지
보존 장소	캔터베리 공공도서관, 기독교회
내용정보	힌즈家와 뉴질랜드의 가장 훌륭한 경주용 말 중의 하나로 1931, 1932년 챔피언 경마인 'Harold Logan'에 관한 신문 스크랩북, 기념 프로그램과 사진. 오스트레일리아 태생인 힌즈는 뉴질랜드에서 주목받은 초기 모터사이클 챔피언이었다. 1924년 스프링필드산인 해롤드 로건은 힌즈가 그의 딸인 에피 힌즈의 경주에 사용하기 위해 1930년 초에 구입해서 험프리에게 훈련시키기 전까지는 성공하지 못한 경주마였다. 해롤드 로건은 경마 때 일반대중에게 가장 인기있는 말이 되었으며, 1936년 11월 공식적으로 은퇴할 때까지 7년간의 경주에서 11,255 파운드(영국)의 현상금을 받았고, 1931년과 1932년 두 차례 메트로폴리탄 경마 클럽의 뉴질랜드컵을 수상했으며 14돌 때인 1936년 '누구나 참가하는 경기(Free-for-All)'에서 마지막으로 모습을 드러냈다. 또 이 말은 2마일의 경주세계기록을 보유하고 있다. 경제공황 중에 해롤드 로건은 뉴 브라이튼의 마굿간에 있었으며 실업자 기금마련을 위해 뉴 브라이튼 피치를 따라 펼쳐진 전시 경주로 많은 사랑을 받았다. 1948년 4월에 이 말은 나이가 들어 폐기되었다. 힌즈는 3개월 후인 1948년 7월 19일에 사망했다. 에피 힌즈는 두 번 결혼했고 노년에는 던딘에서 지냈으며 1972년 사망했다. 이 기록은 에피 힌즈의 친구 중 한 명인 펜달튼에 사는 플레이아즈 클라크 부인이 1977년 11월 28일까지 보관하고 있었다. 그리고 이 기록은 아마 에피 힌즈가 모았을 것으로 추정되는 것으로 1930년 4월 10일 - 1934년까지의 신문스크랩북,

내용정보	1936년 11월에 애딩턴에거 개최된 송별경주를 위해 제작된 '해롤드 로건 기념, 1928 – 1936'을 포함한 4개의 경주 프로그램 파일, 1930 – 1936년까지 해롤드 로건이 경주했던 시기의 하이라이트 약 52장의 마운트 하지 않은 사진, 그리고 약 50장의 힌즈 가족의 사진이다.
열람조건	제한 없음
기록의 형태 (원본이 아닐 경우)	
원본의 위치	
성명 표제 (NAME ENTRIES)	힌즈(Hinds Ernest Frederick Charles), 1884 – 1948 젠슨(Jensen, Effie (Hinds)), 1972 사망
검색도구	

요약(Summary)

제3과에서 정리와 기술의 실제에 관하여 살펴 보았다. 이 과에서는 영구기록의 출처와 원본질서에 대해 국제적으로 인정되고 있는 원칙을 설명하였다. 또 정리와 기술이 영구기록의 내용과 문맥에 대하여 어떠한 방법으로 정보를 제공하는지 논하였다.

다음과 같은 구체적인 주제가 논의되었다.

- 정리와 기술의 개념
- 정리의 원칙
- 기술의 원칙
- 기록을 기록군과 시리즈로 정리하기
- 영구기록에 대한 기술

학습문제(Study Questions)

1. 정리의 개념을 설명하라.

2. 기술의 개념을 설명하라.

3. '관리적 통제'의 의미는 무엇인가?

4. '지적 통제'의 의미는 무엇인가?

5. '정리'에 대하여 정의하라.

6. '출처(provenance)'와 '생산자 존중 원칙(respect des fonds)'을 정의하라.

7. 원본 질서에 대하여 정의하고, 원본 질서의 원칙이 중요한 이유를 설명하라.

8. 출처와 원본질서를 준수하는 데 있어서 기록관리전문요원이 기억해야 할 3가지 사항
   은 무엇인가?

9. 여러분의 생각으로, 정리와 기술의 7가지 가능한 단계를 설명하라.

10. 기술에 대하여 정의하라.

11. 기술의 목적은 무엇인가?

12. 기록과 영구기록의 기록군 식별에 필요한 제 단계를 설명하라.

13. 하위기록군의 개념과 그것을 어떻게 판단하는지 설명하라.

14. 시리즈의 개념을 설명하라.

15. 어떻게 시리즈를 식별할 수 있는가?

16. 영구기록 정리에서 시리즈가 핵심 차원이 되는 이유는 무엇인가?

17. 기록을 시리즈 내에서 정리하는 가장 좋은 방법은 무엇인가?

18. 시리즈 안에서 기록을 정리할 수 있는 6가지 방법을 설명하고 각각의 정리 유형에
    적합한 예를 들어 보라.

19. 3가지 기존 정리 관행을 설명하라.

20. 영구기록 참고코드는 무엇인가?

21. 기록관리기관에서 참고코드가 이용되고 있는 이유는 무엇인가?

22. 왜 시리즈를 등록하는가?

23. 시리즈 등록과정을 설명하라.

24. 물리적 정리와 지적(논리적) 정리의 차이점을 설명하라.

25. 새로운 추가기록물을 기존의 기록물에 첨부할 수 있는 2가지 방법을 설명하라.

26. 기술의 목적은 무엇인가?

27. 영구기록 기술의 다차원규칙이란 무엇인가?

28. 영구기록 업무에서 다차원규칙이 중요한 이유는 무엇인가?

29. 기록관리전문요원이 개발할 수 있는 2가지 유형의 검색도구(finding aids)를 설명하라.

30. 기록군 차원의 기술은 무엇인가?

31. 시리즈 기술 안에 포함시켜야 하는 11가지의 요소는 무엇인가?

32. 문건 목록을 만들어야 하는 근거를 적어도 3가지 서술하라.

33. 목록은 어떻게 구성되어야(lay out) 하는가.

34. 기술을 왜 색인화해야 하는가. 색인은 어떻게 구성되는가?

35. 영구기록 기술을 색인화할 때의 2가지 장애를 지적하라.

36. 용어 인증 관리의 개념을 정의하라

37. 영구기록(archival material)을 색인화할 때 수반하는 규칙이나 표준을 3가지 이상 지적하라.

38. 시소러스란 무엇인가?

39. 누가 기술과 목록의 사본을 관리하는가?

40. 기록이 이관되어 기술이 이루어진 후에 기록이 기록군에서 제거될 수도 있는 3가지 근거를 적시하라.

연습: 조언

연습 19

기록은 다음과 같은 차원으로 정리할 수 있다.

기관 :	율도국 국립기록보존소
기록군 :	공공사업부
하위기록군 :	국립박물관신축위원회
시리즈 :	보고서
하위시리즈 :	위원회 재정보고
문건 :	재정보고, 1976(파일 단위)

연습 20

기록은 이 과의 뒷부분에서 서술한대로 숫자, 연대, 알파벳순, 지정학적으로, 또는 기록형식별로 정리될 수도 있다.

연습 21

어떤 특정 기록물에 이상적인 정리방식이 있는 경우가 많다. 예를 들어, 회의록은 시간에 따른 회의의 전개를 반영할 수 있도록 연대기식으로 관리하는 것이 보통이다. 피고용자나 개인 기록같은 사례 파일은 검색이 쉽도록 알파벳 순으로 유지할 수 있다. 연구기관은 각 연구사업의 순서별로 기록물을 관리할 수도 있는 한편, 지역토지사무소는 지리적으로 기록 시리즈를 관리해도 된다. 생산기관에서 사용되는 정리는 기록의 원래 질서를 반영할 수 있도록 기록관리기관에서도 늘 그대로 사용하여야 한다. 원래 질서를 전혀 알아볼 수 없을 경우에만 기록관리기관에서 그 정리상태를 변경할 수 있다.

연습 22

정리의 여러 방법이 그때그때의 필요나 관심에 따라 개발될 수 있으나, 이 시스템이 항상 그 기관의 장기적 기능에 적합한 것은 아니다. 현재의 실무를 검토하여 그것을 개선하는 방법을 결정하는 것이 좋다. 이 과에서 제시한 정보는 업무의 개선을 위한 가이드로 이용될 수 있다.

연습 23

본문에서 주지하였듯이, 각 시리즈 기술은 다음 요소를 포함한다.

1. 기록군 코드
2. 시리즈 번호
3. 시리즈 제목
4. 영구기록의 첫 날짜와 마지막 날짜
5. 문건 번호
6. 영구기록의 물리적 성질
7. 기록의 형식이나, 거기에 기록된 정보의 형식, 그 기록물이 다룬 사업 요약, 기록물에 나타난 생산자의 기능, 보존 내역상의 중요 정보나 직접 연관된 시리즈 등을 포함한 기술
8. 기록군의 행정사에 포함되지 않았을 경우에는 시리즈의 출처
9. 시리즈 목록의 이용가능 여부
10. 색인이나 기타 검색도구의 이용가능 여부
11. 기록을 활용할 수 있는 조건이나 제약

이 정보는 다양한 방법으로 얻을 수 있다. 이상적인 것은 기술이 모두 구조화된 패턴에 따름으로써 연구자나 이용자가 어떤 정보를 이용할 수 있고 각 요소가 무엇을 의미하는지 명료하게 이해할 수 있도록 하는 것이다.

연습 24

이 과에서 제공된 정보를 여러분의 답과 비교해 보라. 그리고 여러분이 주어진 원리를 분명히 이해했는지 확인하기 위하여 동료들과 이 연습문제를 토론해 보라.

참고서비스 제공과 확대프로그램

제4과에서는 참고서비스(reference services)의 제공과 확대(outreach)프로그램의 수립에 대해 살펴본다. 이 장에서는, 영구기록에 대한 공무원, 학술 연구자, 그리고 일반국민에 이르는 광범위한 이용자들의 요구를 고려한 참고 및 확대프로그램 개발의 중요성에 대하여 다룬다.

다룰 주제는 다음과 같다.

1. 참고서비스(reference services)의 제공
2. 참고실(reference area) 관리
3. 연구자 신청서 처리와 열람증(reader's ticket) 발행
4. 출입자 등록대장 관리
5. 기록물 신청과 대출(producing)
6. 마이크로필름 소장기록에 대한 열람제공
7. 서면질의에 대한 처리
8. 기록보존소의 참고도서실 제공
9. 특수 참고 프로젝트 관리
10. 확대프로그램 관리

이러한 확대 또는 홍보 활동의 상당 부분은 어떤 분야에서는 기록관리기관이 현재 수행하고 있는 업무의 범위를 넘어서는 것일 수도 있다. 그러나 독자들은 자원이 허용된다면 이 제안사항들을 검토하였으면 한다.

1. 참고서비스의 제공

공적이든 사적이든 기록관리기관은 모든 이용자들을 위하여 적절한 참고서비스를 계획, 유지해야 한다. 국가의 영구기록의 보존에는 공적 자금이 사용되기 때문에, 공공부문에서는

이 점이 특히 중요하다. 정부 공무원에서 학술목적을 가진 연구자, 일반 국민에 이르는 다양한 범주의 이용자가 연구 혹은 참고 목적으로 이 영구기록들을 이용한다.

> 기록관리기관은 모든 이용자들이 영구기록
> (archival materials)을 열람할 수 있도록 하기 위해서
> 훌륭한 참고서비스를 제공해야 한다.

열람담당 부서는 해당 기관의 소장자료에 대해 알고자 하는 일반국민 및 정부관리들이 전문기관과 만나는 지점이다. 연구자는 서신, 전화, 혹은 직접 방문을 통하여 그 기관과 접촉할 수 있다.

기록관리기관의 지위와 명성은 상당 정도 연구자들이 제공받는 서비스에 달려 있다. 그러므로 열람부서 직원(Search department staff)은 서신질의에 대해 정확하고 신속하게 응답해야 하고, 전화문의에 대해서도 내용을 잘 알 수 있도록 친절하게 답변해주어야 한다. 해당 기관은 그 기관을 방문하는 연구자들이 잘 왔다는 생각이 들도록 적절한 조언와 호의적이고 신속한 서비스를 제공해야 하며, 조용하고 쾌적한 환경에서 작업할 수 있도록 해야 한다.

기록관리담당 직원은 연구자의 합법적 요구를 만족시키는 한편, 기록(documents)의 안전성을 확보하는 것이야말로 그들의 가장 중요한 의무라는 점을 항상 기억해야 한다. 특히 비전문가가 기록물을 다룰 경우 기록에 피해를 주기 쉽다. 그러므로 전문요원은 특정 영구기록에 대한 열람을 거부하거나 연구자의 열람 태도를 고치도록 요구하는 한이 있더라도 엄격한 열람실 규칙을 마련해야 한다.

규칙을 엄격히 적용할 때 영구기록을 보호하고 사람들이 기록물(documents)을 오용, 심지어는 삭제하는 사태를 방지할 수 있다. 규칙을 강력하게 적용하지 못하면 그 반대의 결과를 가져온다. 따라서 기록관리기관이 규칙을 실행할 때는 엄격하고, 정확하며 법적인 실효성과 일관성이 있는 정책을 유지하는 것이 중요하다.

2. 참고실 관리

종종 열람실(search room)이라고 하는 참고실(reference area)은 기관 내에 연구에 도움을 주는 환경을 갖추고 이용자가 영구기록을 참고할 수 있도록 해 놓은 통제 구역이다. 이 모듈에서 앞서 제시한 정의를 기억하라.

열람실(Search room) : 기록관리기관의 열람실은 영구기록과 그에 대한 검색도구(findingaids)를 참고하려는 이용자들에게 개방된다. 영어로는 리딩룸(reading room)이라고도 한다.

연구자가 기록관리기관에 도착하면 열람실을 일러주는 눈에 띄는 표지판이 있어야 한다. 방향 표지판은 연구자에게 길을 쉽게 찾게 해줄 뿐 아니라, 길을 잃고 '관계자 외 출입금지'의 제한 지역으로 들어가는 일을 방지해준다.

[연습 26]

이 과를 더 검토하기 전에, 여러분 기관의 건축평면도, 특히 참고실이나 열람실을 보여주는 건축 평면도를 그려 보라. 열람실의 모든 출입구와 열람석, 서가와 다른 가구도 표시해 보아라.

연구자가 참고실에 보다 쉽게 접근하고 영구기록의 안전과 보호기능을 높이기 위하여 여러분이 변경시킬 수 있는 사항 3가지를 생각해 보아라.

참고실은 다음의 요소를 갖추어야 한다.

1. 출입문을 정확히 표시해야 한다.
2. 출입구나 그 부근에 개방시간을 알아볼 수 있도록 해놓아야 한다.
3. 참고실 요원은 '근무 중' 또는 '문의'라고 적힌 표식을 각자의 책상에 놓아야 한다.
4. 열람실은 깔끔하고 깨끗하게 유지하며, 붐비지 않게 하고, 가구는 직원이 한 지점에서 열람실을 감독할 수 있도록 배치해야한다.
5. 연구자와 직원 모두 조용해야 한다. 가능하면 회의나 인터뷰는 참고실의 분리구역에서 이루어져야 한다.
6. 참고서적을 포함하여 목록과 검색도구의 위치가 명확하게 표시되어 있어야 한다.
7. 영구기록(archival documents)은 참고실 밖으로 가지고 나가서도 안되며 참고실 내 책상 위에 방치해서도 안 된다. 만약 연구자가 참고실을 나가야 한다면 참고실 직원에게 자신이 자리를 뜬다고 알리거나, 기록물을 감시해달라고 요청하거나, 안전하게 하기 위하여 기록을 대출장소에 반납하여야 한다.
8. 기록 신청서를 제출하는 곳, 기록을 대출하는 곳, 이를 이용한 연구자가 기록을 반환하는 곳을 명확하게 표시해야 한다.

참고실은 연구자가 기분 좋게 방문하여 접근할 수 있는 환경이어야 한다.

참고실 개방시간동안 참고실 직원은 다음의 조치를 취할 의무가 있다.

1. 참고실에는 적절하게 직원을 배치하여야 한다. 그 임무는 근무명부 작성, 직원의 이동점검, 직원이 질병으로 결근하거나 지각하는 경우 등 우발 상황에 대한 계획작성을 포함한다.
2. 참고실에는 직원 중 한 명이 항상 근무하고 있어야 한다. 만약 단 한 명의 직원이 근무

하고 있는데 이 사람이 참고실을 나가야 할 경우 전문기관의 다른 부서나 지소에서 긴급 교체자를 확보할 수 있어야 한다.

3. 직원은 모든 새로운 연구자들에게 참고실의 규정에 대해 설명하고 연구자들이 그 규제사항에 익숙해지도록 해야 한다.

4. 직원은 가능한 한 항상 참고실의 영구기록이 참고실 밖으로 유출되는 것을 금지해야 한다. 만약 특별한 이유로 그 기록이 필요할 경우에는 잠금장치가 있는 서랍이나 캐비넷에 보관해야 한다.

5. 직원은 검색도구가 적절한 상태에 있는지 알기 위해 정기적으로 점검해야 한다. 매일 업무가 끝나는 시간에 직원 중 한 명은 검색도구가 올바른 순서로 깔끔하게 보관되어 있는지를 살펴야 한다.

6. 참고실 직원은 때로 책상이 놓인 통로를 순시하여야 한다. 직원의 활발한 감독활동을 통해 연구자들은 직원들이 참고실의 규정을 부지런히 수행하고 있다는 것을 알게 된다.

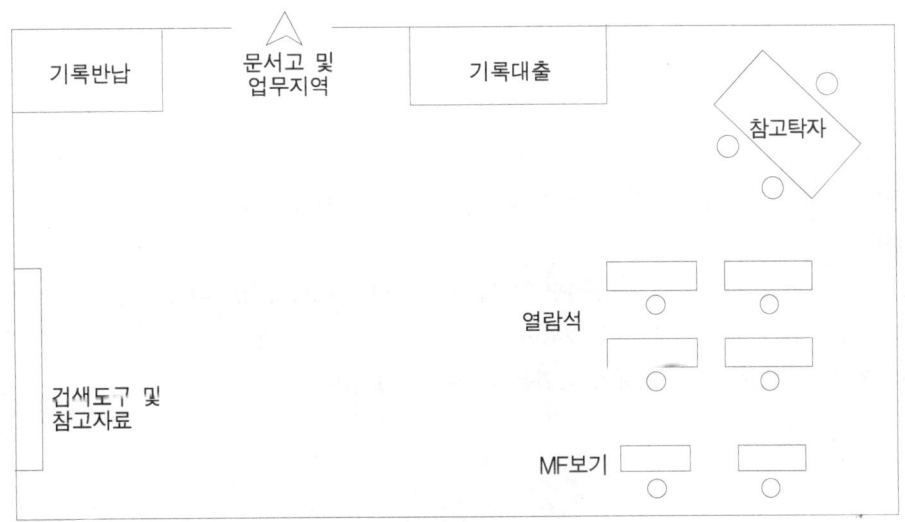

표14 : 참고실 건축 평면도

참고 규칙

열람실에 있는 모든 사람의 행동은 현행 법이나 정책에 기초해서 만들어진 규정에 의해 통제된다. 이러한 규정은 관계당국의 동의를 얻어야 하며 연구자에게도 이에 대해 설명해야 한다. 규정이 준수되는가를 관찰하는 것은 기록관리기관에 근무하는 모든 요원의 의무이다.

> *기록을 보호하기 위하여, 모든 이용자는 정확하고 문서화된*
> *참고규정을 준수해야 한다*

열람증을 신청한 모든 사람에게 참고실 규정의 사본이 전달되어야 한다. 이 점에 대해서는 아래에서 살펴 볼 것이다. 규정은 참고실에서 눈에 잘 띠는 곳에 두어야 하며, 더 좋은 것은 각 책상에 비치해두는 것이다. 또 아래에서 설명하는 출입명부 옆에 참고실 규정의 사본 한 부를 둔다. 연구자가 참고규정을 읽고 검토한 후 그 규정에 서명하기 전에는 기록원본(original materials)을 이용할 수 없도록 한다.

기록관리기관의 요원은 제 규정을 집행해야 하며, 규정위반이 있는 경우에는 즉시 근무중인 상관에게 보고한다. 그들은 또 연구자의 이름과 열람증의 번호, 의심이 가는 행동이 있던 날짜와 시간, 그러한 행위에 대해 간략하게 설명한 모든 위반사항에 관한 일지를 관리해야 한다. 새로운 연구자의 열람신청서와 대조할 수 있도록 이 정보를 중앙의 파일에 보존해야 한다.

만약 규정위반이 심각한 경우라면 열람증을 취소하고, 해당 연구자의 참고실 출입을 금지한다. 기록관리기관은 심각한 규정위반이 무엇인지에 대한 일관된 정책을 갖고 있어야 한다. 이 정책을 수립할 때는 법률적 조언을 구하는 것이 현명하다.

율도국 공화국 국립기록보존소의 참고규정

이 규정은 1999년 율도국 국립기록보존소법의 s. 12 (2) (b)에서 발췌한 것이다.

국립기록보존소의 참고실은 일반 근무일에는 오전 9시부터 오후 4시까지 연구자에게 개방된다. 열람증 소지자는 위 시간 중에 언제라도 참고실에 출입할 수 있다.

참고하고자 하는 영구기록의 성격을 알 수 있도록, 방문에 앞서 미리 국립기록보존소와 연락하는 것이 바람직하다. 그렇게 하는 것이 시간의 지연과 불편함을 줄여줄 것이다. 이용자들은 영구기록물(archival documents)이 보안상태를 유지하고 있는 문서고에 보존되고 있다는 것을 인식하게 될 것이다. 그러므로 기록을 대출하는 데 시간이 조금 걸린다. 시간의 지연을 최소화하기 위해 모든 노력을 기울이고 있으므로 이용자들은 그러한 노력을 이해해 주기 바란다.

다음의 규정에 따라 기록물(documents)을 열람할 수 있다.

총칙

1. 참고실 출입자는 반드시 유효한 열람증을 가지고 있어야 한다.
2. 참고실 출입자는 기록물을 참고한 사실의 여부에 관계없이 참고실을 방문한 날에는 언제나 출입명부에 서명해야 한다.
3. 참고실에서는 조용해야 한다.
4. 참고실에서 흡연해서는 안되며, 사탕을 포함하여 어떤 것도 마시거나 먹어서는 안된다.
5. 근무중인 담당자의 허락이 있는 경우를 제외하고 참고실에는 16세 이하의 사람은 출입할 수 없다. 학교단체 혹은 학생개인의 교육적 방문은 미리 조정되어야 한다.
6. 참고실에 있는 동안에는 서류가방이나 큰 가방은 근무중인 담당자에게 맡겨야 한다.

영구기록의 열람과 반환

7. 참고실 이용자는 자신이 필요로 하는 각 문건에 대해 열람표를 작성해야 한다.
8. 근무중인 담당자의 특별허가가 있는 경우를 제외하고는, 동시에 각기 다른 3가지 이상의 문건을 대출할 수 없다. 문건은 국립기록보존소 내에서 관리의 표준단위이다. 문건은 하나 이상의 문서를 포함할 수도 있다.
9. 필요한 문건에 대한 열람이 끝나면, 근무중인 담당자에게 즉시 반환해야 한다. 반납할 때까지 열람자는 문건에 대하여 책임을 진다.
10. 다음날에도 계속 같은 문건으로 작업하려는 경우, '예약' 서식을 기입해야 한다.
11. 영구기록 신청은 발행 당일 오후 3시전까지 제출해야 한다. 그리고 오후 4시까지 근무중인 담당자에게 모든 영구기록을 반환해야 한다.

영구기록의 취급

12. 어떤 식으로든 원본 영구기록에 기입하거나 표시를 해서는 안되고, 기록을 열람실 밖으로 가지고 나가서도 안된다.

13. 참고실 내에서 액체 잉크, 만년필, 볼펜이나 사인펜, 형광펜, 수정액이나 인도산 고무를 사용해서는 안된다. 직접 노트를 가지고 가서 연필만 사용해야 하며 연필은 참고실 내의 지정된 장소에서 깎아야 한다.

14. 기록을 훼손하지 않도록 주의해야 한다. 기록에 기대거나 기록을 접어서는 안되며 여러분의 노트나 종이와 함께 놓아서도 안된다.

15. 제본이 안된 기록은 여러분에게 제공된 순서대로 문서를 유지해야 한다. 만약 문서가 섞이게 되면 즉시 근무중인 담당자에게 이를 알려야 한다.

16. 문서에서 결함을 발견하거나 사고가 생기면 근무중인 담당자에게 보고해야 한다.

17. 근무중인 담당자는 훼손되기 쉽거나 특히 가치 있는 문서는 사용을 하지 못하게 하거나 특별한 조건 하에서만 사용할 것을 요구할 수도 있다.

기록물 복사

18. 문서 트레이싱을 금한다.

19. 당사자가 직접 문서를 복사할 수 없다. 복사에 필요한 모든 요구사항은 복사 신청양식에 기입하면 근무중인 직원이 복사를 해 줄 것이다. 문서를 손상할 위험이 있을 경우 복사 요청을 거절할 수 있다.

20. 복사는 책임자의 허가가 있을 때만 가능하다.

사무 장비

21. 타자기는 사용할 수 없다.

22. 배터리로 작동되는 컴퓨터를 포함한 컴퓨터의 사용은 열람실 내에서 소란을 일으키지 않는다는 전제 하에 근무중인 직원의 허가가 있으면 가능하다.

국립기록보존소에서 획득한 자료(material)의 출판

23. 자료의 복사본 출판 요청은 책임자에게 알려야 한다.

24. 국립기록보존소의 소장 기록물에서 얻은 정보나 텍스트를 출판물에 발간하거나 인용할 때 이용자들은 다음의 승인 형식을 이용해야 한다.

울도국국립기록보존소 / {그룹 코드} / {시리즈 번호} / {아이템 번호}

이러한 규정을 따르도록 하는 것은 국립기록보존소 요원의 의무이다. 규정을 준수하지 못하면 여러분이 이용하고 있는 문서를 반납해야 하거나 극단적인 경우 열람증이 취소될 수도 있다. 자료를 고의로 훼손한 사람은 기소될 것이다.

서명 *[국립기록보존소장]*   날짜

표15 : 참고 규정 모델

3. 연구자 신청서 처리와 열람증 발행

열람증(reader's ticket)을 발행하고 그 소지자를 기록함으로써, 기록관리기관은 모든 이용자들이 참고실에 입장했을 때 이용자의 신원 확인을 체계화할 수 있다.

> 기록관리기관은 열람증을 보고 영구기록을 이용하는
> 모든 이들을 추적할 수 있다.

기록관리기관은 이용자가 정부공무원이나 일반국민, 또는 기록관리기관의 요원이든 그 기관의 모든 이용자는 그들의 연구기간이나 연구주제에 관계없이 열람증을 소지해야 한다는 방침을 세울 수 있다.

공적 의무나 법률적인 의무를 수행하는 데에 영구기록을 필요로 하는 정부기관의 공무원은 열람증을 소지해야 한다. 관련기관의 요청이 있을 경우, 열람증을 발행해야 한다. 따라서 이를 위해 열람증의 어떤 번호 단위를 예비로 확보해 놓을 수 있다.

기술, 참고 혹은 연구 임무를 수행하는 데 영구기록을 필요로 하는 기록관리기관의 요원도 열람증을 소지해야 한다. 그러나 이들은 신청서를 작성할 필요는 없다. 열람증의 어떤 번호 단위는 이를 위해 예비로 확보해 놓을 수 있다.

열람증은 일반 회원의 수에 따라 발행될 것이다. 이 열람증을 처리하는 가장 좋은 방법은 다음과 같다.

연구자의 연구 성격을 판단하고, 연구자의 신원확인에 필요한 충분한 개인정보 제공을 연구자들에게 요구하는 신청양식을 만들어야 한다. 여기에는 연구자의 이름, 본적과 현 거주지 주소, 전화번호 등이 포함된다. 표16은 신청서 양식의 예이다.

기록관리기관으로 서신을 보낸 예상 연구자에게는 신청서 사본과 함께 기록관리기관의 규정과 그 기관의 업무, 소장기록에 관한 정보가 담긴 복사본을 보내야 한다.

열람증을 받으려면 연구자는 직접 보존소를 방문해야 한다. 연구자들이 신분증과 함께 완성된 신청서를 제출하면 요원은 열람증을 배부할 것이다.

열람증은 특정기간동안 유효하다. 가령 2년으로 정할 수도 있고 또 보다 장기간으로 갱신될 수도 있을 것이다. 시간이 더 필요한 연구자는 새로운 열람증을 신청할 필요가 있을 것이다.

만료일을 정하는 목적은 유효하지만 사용되지 않는 열람증이 쌓이는 것을 방지하고 현 거주지 주소와 전화번호와 같은 신상정보를 최신의 것으로 확보하기 위해서다.

열람증은 내구성 있는 카드나 플라스틱에 인쇄하여야 한다. 열람증은 열람자의 이름, 번호, 발행날짜와 만기날짜를 보여주어야 한다. 표17은 그 예이다. 손이나 타이프로 세부사항을 완성할 수 있다. 번호는 보통 96/03, 96/04 등과 같이 연도와 일련번호로 이루어진다. 갱신된 열람증은 97/05 R, 97/06 R 등과 같이 번호 뒤에 R과 함께 새 번호를 덧붙여 그 열람증이 갱신된 것임을 알 수 있도록 한다.

열람증이 발행되면 열람자의 이름, 번호, 본적과 현 거주지 주소, 전화번호, 발행날짜와 만기날짜를 알 수 있도록 열람증 명부에 등록해야 한다. 열람증이 갱신된 경우라면 원래 발행된 열람증을 알 수 있도록 대조참고사항을 기입해야 한다. 표18은 등록양식의 예이다.

열람증은 연구자가 서명하기 전에는 유효하지 않다. 서명은 열람증 신청자가 참고실의 규정을 읽고 그 규정을 준수하기로 했다는 것을 의미한다. 열람증 뒷면에는 그 효과를 나타내는 문장이 있어야 한다. 전문요원은 신청자로 하여금 서명하기 전에 규정을 읽고 이해하도록 해야 한다.

열람자가 열람증을 분실했을 경우 신분확인을 받고 새 것을 발행할 수 있다. 직원은 새 열람증을 발행하기 전에 열람증 등록부나 원래의 열람 신청서를 확인해야 한다. 그리고 새로 만든 열람증을 등록부에 기재해야 한다. 똑같은 새 열람증은 95/05 D와 같이 번호 뒤에 'D'를 넣어야 한다.

신청서 원부는 열람자 이름의 알파벳 순서대로 연도별 파일에 정리해야 한다. 이 파일은 현재 허가받은 열람자 명부에 대한 색인 역할을 하게 된다. 양식은 영구기록의 처리 스케줄에 나와 있는 기간동안 보유하여야 하는데, 2년의 열람증 유효기간에 맞추어 보통은 만기일로부터 2년 동안이다.

[연습 27]

열람증은 참고 절차를 공식화하는 가치 있는 도구이다. 열람증을 발행할 때의 이점을 3가지 이상 적어 보라.

열람증 신청서

1란과 2란을 작성하여 신분증(여권, 면허증, 공무상의 송장(送狀), 우편 주소 등)과 함께 열람실 직원에게 제출하시오.

1란 [신청자가 직접 작성]

성 _____

이름 _____

국적 _____

집 주소 _____

_____

_____

대학/사무실 주소 _____

_____

직업 _____

조사(Research)용도   학술적/업무적/개인적

자세하게 서술해 주시오.

_____

_____

조사 주제 _____

_____

나는 영구보존기록에 관한 규정을 읽고 준수할 것을 동의합니다.

서 명 _____

날 짜 _____

뒷면에 계속

표16 : 신청서 서식(page 1)

2란 [보증인이 작성한다] (열람증을 갱신할 때는 제외)

성 _____

이름 _____

주소 _____

_____

_____

직업 _____

나는 _____[기간 서술]에 대한 신청자를 알고 있으며, 국립기록보존소
의 열람자로서 그가 적합함을 보증합니다.

서명 _____

날짜 _____

직인

보증인(Refree)은 국내 거주자이어야 하고 직업을 확인할 수 있어야 한다(법무관, 고위
관리, 대사관 직원, 교사, 연구 책임자 등. 외국 학생들은 또한 그들이 공부하는 곳으로
부터 추천받은 서류를 제출해야 한다).

3란 [기록보존기관이 작성한다]

열람증 번호 _____

[갱신일 경우, 원래의 열람증 번호 기재]

발행 직원의 서명 _____

성명(인쇄체) _____

날짜 _____

표16 : 신청서 서식(page 2)

[앞쪽]

율도국 국립기록보존소
열 람 증

열람자 성명 : _____

열람증 번호 : _____

발 행 일 : _____

만 료 일 : _____

[뒤쪽]

나는 **율도국 국립기록보존소**의
규정을 준수할 것을 동의합니다

서 명 _____

날 짜 _____

표17 : 열람증 표본

열람증 등록대장					
날 짜	번 호	신규 혹은 갱신	만료일	성 명	본 적

• 갱신하려면 종전의 열람증 번호를 적어야 한다.

표18 : 열람증 등록대장

4. 출입자 등록대장 관리

모든 이용자들이 열람실을 출입할 때 스스로 신원을 확인하는 것, 또 모든 이용자 및 그들이 참고한 자료에 관한 기록이 지속적으로 보존되는 것은 전문적인 영구기록관련 실무에서 아주 일반적인 관행이다.

> *출입자 등록대장에는 그 날 기록관리기관의 서비스를*
> *받은 모든 이용자를 기록한다.*

일일 출입자 등록대장은 눈에 잘 띄게 비치, 공개해야 한다. 각 방문자들은 등록대장에 세부사항을 기입해야 한다. 출입자 등록대장은 다음 사항들을 포함해야 할 것이다.

• 방문자의 순번(방문자는 1995/123과 같이 한 해의 처음에 1부터 시작하여 다음에 오는 번호를 써서 기록해야 한다.)
• 방문한 날짜
• 열람증 번호

• 열람자의 이름(대문자로)과 서명

출입자 등록대장의 항목은 특히 정확하게 인쇄되어야 한다. 표19를 보라. 방문자의 순번이 첫 번째 항목(칼럼)에 오도록 인쇄할 수도 있다. 모든 열람자들은 열람증을 가지고 있어야 하기 때문에 매일 출입자 등록대장에 그들의 본적이나 거주지의 전화번호 그리고 주소를 적을 필요는 없다. 그러나 기록관리기관에서는 그들에게 거주지의 연락 가능한 주소와 전화번호를 요구할 수도 있다.

모든 직원은 열람실을 방문한 사람들이 출입자 등록대장에 서명한 것을 날마다 점검할 의무가 있다. 동시에 그들은 정확한 번호가 등록대장에 기입되었는지, 그것이 확실한지 확인하기 위해 열람증을 검사하여야 한다.

사용중의 출입자 등록대장이 거의 채워지면 담당자는 현재의 것을 대신할 새로운 출입자 등록대장을 반드시 만들어야 한다. 다 채워진 출입자 등록대장은 전문기관의 공식 기록이 되며 예정된 폐기 기간까지 안전하게 보관하여야 한다.

참고 규정은 출입자 등록대장 가까이 놓아두어야 한다.

[연습 28]

열람증이 유용한 것처럼 출입자 등록대장도 그렇다. 신청자 등록대장을 유지할 때 생기는 이점을 적어도 3가지 이상 들어 보라.

영구기록 일일 신청자 등록대장

날 짜	일련 번호	열람증 번호	이름(인쇄체)	전화번호	연락가능한 주소	서명

표19 : 영구기록 일일 신청자 등록대장

5. 기록물(Documents) 신청과 대출

열람자들이 요청하여 대출된 영구기록의 행방은 반드시 추적할 수 있어야 한다. 영구기록이 문서고 밖으로 반출되었을 때, 대출 상황을 추적하는 업무절차를 통하여 영구기록을 보호할 수 있다. 또한 그러한 과정을 통해 기록을 올바른 위치에 신속히 재배치 할 수 있고 어떤 기록을 누가 열람하였는지 알 수 있다.

> *기록을 보호하기 위해서는, 서고에서 반출되었다는 사실과*
> *열람자가 그것을 이용하였다는 사실을 파악하고 있어야 한다.*

이용자는 열람실에 들어오면 곧 검색도구(편람, 기록군 차원의 기술, 건 목록, 색인)를 보고자 할 것이다. 검색도구는 열람실 내에 비치되어 있을 수도 있고, 따로 별실에 있을 수도 있다. 그 곳에는 기록 신청 방법에 관한 명료한 안내문이 있어야 한다.

열람자들이 보고 싶은 자료를 확인하고 나면, 대출 신청서를 작성하게 된다(표20을 보라). 이 신청서는 열람실 내 쉽게 보이는 곳에 비치된 정리함이나 여타 용기에 보관한다. 열람자는 서식을 작성하여 열람실 직원에게 제출한다. 신청서는 부본으로 하되, 먹지처럼 자동으로 부본이 작성되는 것이 이상적이다. 신청서를 3장 복사하는 경우도 있다. 신청서 사본 한 장은 서고에서 문건(item)을 빼낸 위치에 놓아두고, 다른 사본은 그 문건과 함께 움직인다. 그리고 사본 한 장은 문건이 이용되는 동안 열람실에 보관하는데, 이용이 끝나고 문건을 반납할 때 영수증으로 열람자에게 준다. 아래의 절차는 두 장을 복사하는 서식체계를 기초로 한 것이다.

각각의 대출 서식에는 요청한 각 문건을 기입해야 한다.

직원은 열람자가 유효한 열람증 번호를 기입했는지 확인하고, 대출 서식의 세부사항을 점검하며 영구기록 참고 번호가 정확한 지 확인해야 한다. 그리고 나서 직원은 자료를 검색할 수 있다.

한번에 열람자에게 대출되는 문건 수를 제한하는 것이 현명하다. 그럼으로써 문서가 잘못 배치된다든지 도난 당하는 위험을 최소화하게 된다. 허락되는 문건 수는 관련 규칙에 명백히 제시해야 한다. 만약 많은 수의 문건이 한번에 대출되어야 한다면, 열람실 가까운 곳에 그 문건을 쌓아놓고 당장에 필요한 적은 수의 문건만 제공하는 것이 가장 좋다.

기록관리기관은 연구자가 편한 시간에 최대한 이용할 수 있도록 기록물을 미리 신청하는 것도 허용해야 한다. 이 경우, 담당직원은 문서가 예정된 날 아침에 열람실에 배포되도록 준비한다.

자료를 보고자 하는 기록관리기관의 직원도 마찬가지로 대출 신청서를 작성한다. 그들은 기록관리기관에 있는 그들의 업무구역을 비롯한 여타 장소에서 열람서식 용지를 이용할 수 있다. 어떤 문건을 신청하고자 할 경우, 그들은 서식을 작성하여 참고실 직원에게 제출해야 한다. 열람증을 갖고 있는 기록생산기관의 인가된 직원도 비슷한 절차를 따른다.

대출 신청서를 작성하여 관계 직원에게 제출하지 않으면 어떤 문건도 대출할 수 없다. 이 규칙은 모든 영구기록에 적용되며, 대출 서식 작성자가 전문요원이건 정부관리이건, 또는 다른 공공기관의 직원이건 모두 마찬가지이다. 유효한 열람증이 없는 사람은 그 어떤 기록물도 이용할 수 없도록 해야 한다.

[연습 29]

여러분의 기관에서는 이용자들이 어떤 방법으로 영구기록을 이용할 수 있는가. 일련의 과정을 간단하게 서술해 보라. 그 과정이 문서화되어 있는가? 기록을 보호하면서도 이용자들이 가능한 기록을 잘 이용할 수 있도록 그 과정을 개선하고자 할 때 취할 수 있는 3가지 조치를 제안해 보라.

이관기관으로의 영구기록 대출
(Produang Archives for Transferring Agency)

기록물관리법령은 기록물 생산기관이나 기록관리기관으로 기록을 이관한 기관에서 직원 중 한 사람을 열람실로 출장 보내어 기록을 참고하는 대신, 기록관리기관에 기록의 제공을 요구할 수 있도록 규정해야 한다. 가끔 정부나 조직 내의 다른 기관이 기록을 요구할 수도 있다. 기록관리기관의 규정에는 장관 또는 고위관리가 기록물을 요구하는 경우에 이를 허용하는 조항도 있어야 한다.

필요에 의하여 생산기관이나 이관기관에 보낸 영구기록들도 열람실에서 참고할 때와 마찬가지로 주의하여 다루어야 한다. 파일에서 기록이 이탈되거나, 파일 내에서 기록의 순서가 바뀌는 경우를 방지하기 위하여, 원본 질서 형식에 관한 설명문을 대출된 문건 사이에 삽입하여야 한다. 견본 서식은 표21을 보라. 표22는 대여등록부의 견본인데, 이것을 통하여

기록관리기관은 생산기관의 직원에게 대여한 기록을 찾을 수 있다.

　기록관리기관은 정기적으로 대출한 문건의 상태를 점검해야 한다. 합의된 기간 이후(가령 1개월)에는 영구기록을 반납하라는 독촉장을 보낸다. 반환되지 않고 다음 기간이 지나면 다시 독촉장을 보내야 한다. 독촉장을 3회 보냈는데도 효과가 없을 경우, 기록관리기관의 장은 그 기록을 회수할 조치를 취할 수 있다. 이러한 절차를 통해 문서고에서 반출된 영구기록을 보호 관리하고, 사회의 유산을 보존하기 위하여 관심을 쏟고 있음을 공직자들에게 보여줄 수 있다.

문서 대출 신청서	문서 대출 신청서
일련번호 :	일련번호 :
열람자 성명 :	열람자 성명 :
열람증 번호 :	열람증 번호 :
참고사항 :	참고사항 :
대출일 :	대출일 :
열람실 직원명 :	열람실 직원명 :
문서위치 :	문서위치 :
대출해준 사람 :	대출해준 사람 :
반환일 :	반환일 :
(앞장)	(뒷장)

표20 : 대출신청서 표본

원본질서를 지킬 것

이 문서는 국립기록보존소의 일부이다. 이 문서는 국립기록보존소와 1996년도 문서에 관한 법률에 따라 국가 유산의 일부로 영구히 보존되고 있다. 어떤 경우에도 이를 손상시키거나 훼손시켜서는 안되며, 원본의 어느 부분을 빼내거나 덧붙여서도 안된다.

이 문서를 (   )일 까지 기록보존소에 반납해야 한다.

서 명 : _____
　　　　(전문기관의 담당관)

날 짜 : _____

표21 : 원본질서에 대한 설명 표본

대여 등록부(Loans Register)					
일련청구 번호	영구기록 참고사항	대여 날짜	대여자	비고	반납일

표22 : 대여 등록부

[연습 30]

여러분의 기관에서는 한 달에 몇 번 영구기록 열람신청이 들어오는가? 그 문서들은 어떻게 이용할 수 있는가? 기록물을 보호하고 필요할 때 요원들이 언제든지 접근할 수 있도록 그 과정을 개선하기 위하여 취할 수 있는 3가지 조치를 제안하라.

영구기록의 대출과 반납

이용자는 대출신청서를 작성하여 열람실에 근무하는 담당직원에게 제출한다. 담당직원은 정해진 시간에 열람실에서 대출신청서를 모은다. 대출하기 위해 문서고에서 인출된 문건의 기록은 대출등록부(표23)에 기재하여 관리하여야 한다.

담당직원은 다음과 같은 절차에 따라 문서를 배부한다.

1. 기록의 위치를 판단하는 위치등록부와 대비하여 대출신청서를 점검한다(경험 있는 문서고 요원이 배치체제를 잘 알고 있으면 등록부를 참고할 필요가 없을 수도 있다).
2. 찾기 편리한 방식으로 기록물 대출신청서를 분류한다.

3. 건(아이템)의 위치를 확인한다.

4. 선반에서 문건을 꺼낸다.

5. 대출신청서의 첫 번째 사본은 빼놓은 문건과 같이 놓아두고, 빼낸 문건을 대신하여 두 번째 사본을 남겨 둔다. 두 번째 사본은 문건을 빼놓은 서가의 해당 칸 맨 끝이나 기록이 있던 자리에 놓아두는 특별한 용기에 넣어 둔다. 기록물이 상자에 담겨 있었다면, 상자 속에 남아있는 문서 위에 놓아두어도 된다.

6. 대출 등록부에 그 문서에 대한 처리내용을 기입할 때, 대출한 날짜, 참고코드, 문건의 소장 위치, 열람증 번호와 그 문건을 인출한 직원의 이름을 적어 두라. 대출 등록부는 문서고 출입구 근처에 두어야 한다.

7. 참고 구역으로 그 문건을 가져온다.

그 다음에 참고실 직원은 다음사항을 점검해야 한다.

• 대출신청서와 신청서가 부착된 문건은 일치해야한다.
• 영구기록에 대한 접근은 어떤 이유(비공개 연장과 같은)로든 제한되어서는 안된다.

> *비공개 영구기록과 관련된 업무절차에 대한 추가 정보는* 『*기록보존소의 기록관리 업무편람*』*에 나와 있다.*

• 자료는 물리적으로 참고하는 데 적합해야 한다.

이러한 점검항목에 대해 문제가 있다면, 요원은 문서를 열람자에게 대출하기 전에 근무중인 상급자에게 문의를 해야 한다. 만일 기록을 이용할 수 없는 상황이라면, 직원은 열람자에게 그 상황을 설명하고, 문건이 서고에 반납되는지 확인한다.

만일 문서가 대출되면, 참고실 직원은 다음의 3가지 조치를 따라야 한다.

1. 문서에서 대출신청서를 꺼낸다.
2. 정해진 함에 영구기록 참고코드 순서에 따라 대출신청서를 보관한다.
3. 열람자에게 자료를 건네주되, 한 번에 최대 3건이 이상적이다.

망가지기 쉽거나 부피가 커서 다루기 어렵거나 혹은 잠재적인 손상의 위험이 있는 문건을 대출하기 위해서는 특별한 사전절차가 필요하다. 직원은 이러한 기록이 예전에 한번 대출된 것인지, 아니면 전혀 열람되지 않았는지 판단하여야 한다. 위험한 상태에 있는 문건은 적절히 보호해야 한다.

영구기록의 물리적인 보호와 처리에 관한 더 많은 정보에 대해서는 『기록물 보존』을 보라.

열람자는 각 기록에 대한 이용을 마치면 모든 문건을 반납해야 한다. 열람자들이 문건을 반납하는 장소는 참고실 한 쪽에 따로 마련한다. 참고실 직원은 그 기록이 올바른 순서로 반납되었는지, 분실된 것은 없는지를 점검한다. 그리고 아래에 나온 절차에 따라 문건을 문서고에 반납한다.

1. 지정된 시간에 더 이상 필요치 않은 문서를 모은다. 대출신청서의 제1사본(the top copies)을 문건에 다시 부착한다.
2. 문서고에서는 영구기록의 소재를 확인하기 위해 대출 등록부를 점검한다. 대출 등록부에 문건의 반납일과 문건을 반납한 담당직원의 이름 머릿글자를 적어 둔다.
3. 서가에서 대출신청서의 원본을 빼낸 후 문서를 서가에 되돌려 놓는다.
4. 대출신청서의 제1사본과 제2사본을 모아 참고실 담당직원에게 넘겨준다.

대출신청서의 원본에 '반납(returned)'이라고 찍어 이용자에게 영수증을 건네기도 한다.

대출신청서의 사본을 이용자에게 영구기록과 함께 대출해서는 안된다. 거기에는 그 기록물의 문서고 위치가 적혀 있기 때문에 비밀로 해야한다. 문서의 안전을 위하여, 일반 대중에게 문서가 어디에 보관되고 있는지 알려져서는 안 된다. 대출서식의 이 부분은 참고코드 순서로 편철하는데, 기록보존소의 기록처리 일정에 따라 보존한다.

대출된 모든 문건이 일정한 시간 뒤에 실제로 원위치로 되돌려졌는지 확인하기 위하여 정기적으로 대출 등록부를 점검한다. 대출 등록부는 어떤 문건이 분실되었을 때 도움이 된다. 가장 일반적인 분실 사유는 문건을 잘못 놓아두는 일인데, 대출 등록부를 참고함으로써 대출, 반납 상황을 동시에 점검할 수 있다.

대출 등록부의 정보는 기록보존소의 연차 보고 자료를 제공하고, 이를 통하여 직원들은 자주 이용되는 기록군이나 시리즈를 알게 된다. 그리하여 이 문건들을 서가에서 좀더 편리한 위치에 두게된다.

만약 문건이 이튿날에도 계속 필요하다면, '예약 문건(reserved item)용' 서가로 특별히 지정된 서가에 둔다. 이 서가는 참고실의 직원 전용 공간에 두며, 일반 공공 장소에 두지 않는다. 연구자는 문서를 서가에 되돌려 놓지 말 것을 요청하는 '예약' 신청서를 작성한다. 서식에는 연구자 이름, 열람증 번호와 요청 날짜 등을 적는다. 표24는 예약신청서의 예이다.

대출 등록부(Production Register)					
대출날짜	일련 번호	영구기록 참고사항	열람자 이름	열람증 번호	반납일자

표23 : 대출 등록부

예약 신청서

성명 :

열람증 번호 :

날짜 :

문건 참조 :

대출 날짜 :

문건 위치 :

이 기록은 [   ](해당날짜)에 예약되어 있음.

이 문건은 다음 작업일 동안만 문서고 밖에 두며, 각 전표에는 한 건의 문서에 관해 기입해야한다.

※ 명료하게 작성하시오.

표24 : 예약 신청서 표본

6. 마이크로폼의 열람 제공

> *많은 영구보존자료는 마이크로필름으로 이용할 수 있다.*

많은 영구보존자료는 마이크로폼(마이크로필름이나 마이크로피시)의 형식으로 소장된다. 다음 원칙을 잘 검토할 필요가 있다.

- 마이크로폼 원본을 열람에 이용해서는 안된다. 이것은 필요한 복사본을 만드는 데만 사용하며, 따라서 좋은 보존 조건에서 보관되어야 한다.
- 영구기록의 마이크로폼 복본은 다른 장소에 보관할 수 있는데, 기록관리기관이 원본을 소장하고 있지 않다면 복본도 영구기록처럼 다루어야 한다. 결과적으로 이것도 바로 열람용으로 사용할 수 없으며 우선 다른 한 부의 복본을 먼저 제작해야한다.
- 원본기록과 원본마이크로폼이 기록관리기관에 소장되어 있다면, 기록보존을 위해 만든 복본이나 자료 배포를 위해 만든 복본을 열람용으로 사용할 수 있다.

열람실에서 마이크로필름을 이용하는 방법에 대한 정책이 필요하다. 열람실에서 원본 기록을 신청했을 때와 같은 방법으로 마이크로폼 열람 신청 시스템을 갖는 것이 최선이다.

- 대출신청서는 연구자가 작성한다.
- 직원은 대출신청서의 첫 번째 부본과 함께 열람실로 마이크로폼을 배부한다.
- 마이크로폼은 열람실 직원이 기재에 걸어준다.

그러나 이러한 과정은 직원의 시간과 자원을 상당히 소진시킨다. 그리하여 요즘은 많은 기관에서 마이크로폼을 열람실 서가나 콘테이너에 두고, 열람자 스스로 판독기에 걸어서 사용하게 하고 있다. 특히 이 방법은 마이크로폼이 참고본일 경우 적절하다. 환경 조건이 적합하지 않으면 마이크로폼은 참고실에 두어서는 안된다.

> *마이크로폼의 보존을 위한 환경 조건에 대한 상세한 내용은*
> *『기록물 보존』을 보라.*

7. 서면 질의에 대한 처리

기록보존소에 서면 질의가 있을 경우, 전문요원은 영구기록 실무의 3가지 원칙을 적용한다.

1. 전문기관은 이용자나 잠재적 이용자가 과연 방문하는 것이 좋을지를 판단할 수 있도록 소장기록물의 성격과 범위를 필요한 만큼 상세히 설명할 의무가 있다.

2. 전문요원은 소장물의 성격에 대하여 설명할 의무가 있지만, 영구기록에 포함된 주제에 대한 연구까지 짊어지는 것은 그들이 해야 할 일이 아니다. 질의에 대한 답신을 어떻게 처리할 것인가에 대한 정책은 이러한 특징을 고려해야 한다.

3. 기록보존소 업무 담당 직원이 제공하는 정보는 소장기록물이나 이용할 수 있는 검색도구에 대한 지식에 기초하여야 하며, 제공된 정보가 가지고 있는 신뢰도를 조회자에게 알려야 한다. 질의에 답하는 전문요원은 이용한 자료(원본인지 검색도구인지)를 언급해야 하고, 그 자료에서 예상되는 신뢰도를 제시해야한다.

서면질의에 답하는 것은 성가신 일이다. 이는 기록보존소 업무로 보아 상당한 자원과 시간을 요구한다. 직원의 첫 번째 과업은 개별적인 서면 질의에 얼마나 많은 시간을 할애할 것이며, 그 답변이 어떤 형식을 띠어야 하는 지에 대한 정책을 개발하는 것이다.

이 정책을 개발할 때 고려해야할 요소는 다음과 같다;

- 인적 자원의 범위
- 현장 연구자의 요구
- 서면 질의의 긴급성 및 성격
- 조회자의 주소
- 기록관리기관이 제공하고자 하는 서비스 차원

그 정책은 다음과 같은 기준을 정한다:

- 답신의 마감 시한
- 직원이 수행할 조사의 범위
- 자료 복사본의 대출 여부 및 비용
- 작업수행에 요구되는 별도의 부담금 여부

> 연구 질의에 대한 서면 응답 제공 정책을 통하여,
> 기록보존소는 직원이 업무의 과부하를 받는 일이 없이 고른
> 서비스를 제공할 수 있다.

마감시한은 근무자의 기강을 세워주고, 또한 업무수행을 판정할 수 있는 효과적인 방법이기도 하다. 예를 들어 조회자가 '14일 이내'에 답신을 받을 수 있다고 정하는 것이다. 일단 정책이 동의를 얻으면 시행되어야 한다. 표25는 질의응답 정책 표본이다.

특별한 사정이 있어서 마감을 지키지 못할 경우, 직원은 질의에 대한 조사작업이 좀더 시간이 걸릴 것이라는 내용의 고지서를 보낸다. 올바른 대민 관계를 유지하기 위하여 이같은 연장이 자주 있어서는 안될 것이다.

일반적으로 질의에 관한 색인 등록부를 만들고 응답에 관한 파일을 만들어 관리하는 것이 바람직한 실무라고 하겠다. 후속 질문은 종종 중복되는 경우가 많다. 그러므로 앞의 사례를 참고하면 신속하고 정확한 답변을 할 수 있다. 그 파일을 통하여 직원들은 자주 받는 질문을 알 수 있다. 이러한 반복적인 질문을 위해서 표준적인 답변서식이 개발되어야 한다. 표25는 표준답변서가 개발되는 업무영역을 보여 준다. 예를 들어 검색도구나 출판을 준비할 때, 질의에 대한 색인등록부는 직원들에게 유용한 정보원을 제공하기도 한다.

모든 서면질의는 직원 중 적당한 사람에게 배당되어야 한다. 서신을 배당하기 전에, 직원

중 한 사람이 질의응답자 등록대장에 질의에 대한 세부사항을 기입해야 한다. 이 항목에는 다음과 같은 사항이 포함되어야 한다.

- 일련 번호
- 서신을 받은 날짜
- 응답자 이름
- 질의 주제
- 질의를 처리한 사람
- 답변을 보낸 날짜

표26은 질의응답자 등록대장의 예이다.

답신초안은 타이핑하여 우송하기 전에 검토하여 사실이나 문법의 오류를 수정해야 한다. 조금이라도 답변에 미숙한 부분이 있는지 살펴보아 적절한 조치를 취할 수 있도록 직원 한 사람이 매주 말에 응답자 등록대장을 검토해야 한다.

파일 단위의 기록관리시스템에서는 질의가 접수되면 즉각 해당 파일에 담아 답변 책임이 있는 담당자에게 보낸다. 답변 작성을 끝내고 서명하면, 답변의 복사본은 파일에 담아 문서과로 돌려보낸다.

그런데 기록보존소에 오는 많은 질의서는 일반적이고 일상적인 것이어서 등록파일을 들추어볼 만한 것들이 아니다. 그런 질의와 답변서의 복사본은 응답자 이름의 알파벳순으로 임시 연차업무 폴더에 두고 처리하는 것이 좋다. 이 폴더는 기관의 기록처리 일정에 따라 처리되어야 하지만 보존연한은 길 필요가 없을 것이다.

> *문건(document)에 기초한 기록관리시스템과 파일에 기초한 기록관리시스템의 차이는 『현용기록: 생산과 관리』에서 상세히 설명하였다.*

율도국의 국립기록보존소 조회 정책

율도국 국립기록보존소의 직원에게 부과되는 요구가 다종 다양하기 때문에, 참고담당부서는 먼저 전체 업무와 포괄적인 목적에서 보았을 때 우선적인 업무를 확정해야 한다. 무엇보다 개인적으로 보존소를 방문하는 연구자를 돕는 데 중점을 두어야 한다. 나아가 참고담당직원은 개별적인 질의자보다는 다수의 연구자들에게 이익이 되도록 업무를 수행하여야 한다. 그러므로 직원들이 일상적으로 검색도구의 준비, 안내, 전단 작업 같이 지속적인 중요성을 갖는 다른 업무를 해나가면서 질의 서신을 효과적이고 효율적으로 처리할 수 있도록 하는 데 주의를 기울여야 한다.

참고담당부서는 다음과 같은 표준 답변형식을 만들 것이다.
- 적용가능하다면, 표준적인 응답서와 정보지 또는 질의자를 위하여 업무를 수행할 수 있는 연구자 명단
- 국립기록보존소 또는 그 밖의 곳에 있을법한 자료에 관한 일반적인 안내
- 국립기록보존소 업무절차 관련 질의에 대한 구체적 답변
- 일반적인 질의, 연구 영역에 관련된 표준 서신과 전단

상세한 연구가 담긴 회답은 다음과 같은 조건에서 국립기록보존소의 판단에 따라 이루어질 것이다.
- 질의가 공적인 목적을 위하여 공기관에서 온 것일 경우, 요구된 정보가 즉각 규명될 수 있도록 충분히 정확하고 상세한 내용을 제공한다.
- 참고담당 신규 직원을 훈련시키기 위하여
- 현재 직원의 전문성을 증진하기 위하여
- 질의자에게 조언이 가능하도록 국립기록보존소 소장기록물에 대한 지식을 증가시키기 위하여
- 신속하고 쉽게 질의에 답변할 수 있으나, 이미 마련된 답변을 보내는 것이 시간이나 자원 절약에 도움이 되지 않는 경우

완벽하고 완전한 참고를 제공하면서 개별 문건이 세 건을 넘지 않을 경우에만, 조회자를 위하여 복사서비스를 할 것이다. 만약 이러한 조건에 맞지 않으면, 담당직원은 조회자에게 유료로 그러한 업무를 수행하는 연구자에 관한 정보를 서신으로 알린다.

표25 : 질의응답 정책 표본

질의응답 등록대장(Enquiry Correspondence Register)

일련 번호	접수 날짜	조회자 이름	주 제	담당자	회답 날짜

표26 : 질의응답 등록대장

별도 연구서비스의 수행

어떤 경우에는 질의에 답변하기 위하여 별도의 연구서비스를 수행할 수도 있는데, 이러한 임무는 참고담당직원의 책임과는 별개로 진행된다. 그러나 이것은 일반적으로 조회의 양이나 빈도가 충분한 수입을 만들어 낼 정도가 될 경우에만 가능할 것이다. 만약 별도의 연구서비스를 고려한다면, 위에서 제시한 기본적인 원칙이 준수되어야 하고 아래와 같이 실행한다.

1. 어떤 조회에 대하여 무료로 일차적인 답신을 하는 일은 기록관리기관의 의무이다. 가능하면 이 회답은 소장하고 있는 원기록물의 성격과 범위 및 그에 대한 검색도구를 보여주되, 질의자가 방문여부를 판단하는 데 충분한 것이어야 한다. 또한 별도 연구서비스의 이용가능성과 조건에 대해서도 알려준다.

2. 별도의 연구서비스는 조회자의 추가 질의에 대해 책임을 지며, 조회자는 이에 대해 적절한 비용을 지불해야 한다. 물론, 별도의 연구서비스는 원본 기록이나 다른 자료에 대해 조사를 하도록 계약할 수도 있다.

3. 별도의 연구서비스는 법적으로 기록관리기관과는 독립적으로 이루어지며, 기록보존소는 이를 통하여 제공되는 작업과 정보의 질에 대하여 아무런 책임을 지지 않는다. 모든 서신 첫머리와 알림 전단에 이 점을 분명히 밝혀두어야 한다. 그렇지만 기록관리기관은 별도의 연구자가 적절한 서비스를 제공할 수 있을 정도로 소장기록물 및 검색도구에 대해 충분한 지식을 가지고 있는지 심사한 후 승인해야 한다.

표준 회신 개발

아키비스트들은 상당수의 질의가 표준서신이나 전단만으로도 충분한 답변이 이루어질 수 있다는 것을 안다. 빈번한 질문에 대해서는 만족할만한 답변을 주는 데 필요한 정보 요약문을 인쇄하든지 복사하여 두었다가 조회자에게 보내기도 한다.

> 상당수의 조회는 표준 서신으로 답변이 가능하다.

전단과 함께 짧은 편지를 동봉해야 할 필요가 있는 경우도 종종 있다. 이 서신을 통하여, 아키비스트는 문의에 대한 내용을 확인하면서 전단에 포함되지 않은 정보를 제공해야 한다. 기록관리기관은 고객과 좋은 관계를 유지하는 것이 중요하며, 그런 점에서 서신은 친근하고 우호적인 어조여야 한다.

시간이 지남에 따라 상당한 양의 표준 답신과 알림 전단이 쌓이게 될 것이고, 자연스레 축적된 지식으로 이용할 수 있다. 대부분의 경우, 기록관리기관은 현재 또는 잠재적인 이용자들이 이것을 자유롭게 이용하도록 하고, 박물관이나 도서관 같은 유관기관에 배포한다.

여러분이 서면 질의에 답변할 책임이 있는 참고담당 아키비스트라고 가정하자. 여러분이 다음과 같은 편지를 받았다. 여러분은 어떻게 대응할 것이며, 왜 그렇게 대처하는지 설명하고, 연구자에게 보낼 답신의 초안을 작성해 보라.

아키비스트께 드림

저는 현재 율도국의 족보학에 대한 광범위한 조사를 수행하고 있는데, 족보학을 공부하는 데 참고할 1860년부터 현재까지의 모든 공공 기록물의 사본을 제공받고 싶습니다. 아울러 족보학 연구에 관심이 있던 여행가나 과학자가 쓴 보고서를 포함하여 족보 관련 개인기록의 사본도 받아보았으면 합니다.

200페이지의 복사비용을 지불할 수 있습니다.

감사합니다.

연구자 홍길동 박사

8. 기록관리기관의 참고도서실 설치

기록관리기관에는 소규모의 참고도서실을 두는 것이 유용하다. 직원들은 도서관을 이용하여 전문적인 업무수행에 도움을 받고, 독자들은 영구기록을 열람하는 과정에서 유용하게 활용할 수 있을 것이다.

> 도서실은 아키비스트와 독자 모두에게 도움이 된다.

만약 해당 기록관리기관이 법률상 국가나 지역의 위탁 도서관이기도 하다면, 법적 위임에 따라 접수된 기록은 내부 참고도서실과는 별도로 법규에 따라 관리되어야 한다.
참고 도서실의 관리는 지명된 직원의 책임하에 이루어져야 한다.

도서실의 도서 선별기준을 정하는 수집정책을 세우는 것이 바람직하다. 다음과 같은 주제를 다루는 도서들이 선정되어야 한다.

- 기록학 방법론과 표준(archival methodology and standards)
- 소장기록의 맥락, 내용 및 중요성에 대한 해석 또는 설명. 예: 역사학 관련연구
- 상보(相補) 자료의 존재, 의의 및 소개

기록관리기관의 도서실은 기록보존소 내에서 작업하는 사람들을 지원하는 도구이다. 대학교나 다른 연구기관에 있는 도서관이나 수집도서에 상응하는 대체물이 아니다.

이 도서실에서 수집한 책은 영구기록 또는 어떠한 법적 위탁기록과도 함께 이관되어서는 안된다. 이것은 별도의 기록관리기관 도서이관등록대장에 기재되어야 한다.

도서실을 설치할 때는 도서관에 전문적인 조언을 구하는 것이 도움이 될 것이다.

분류체계는 장서에 적합하도록 단순한 것을 고안하거나 채택하여야 하며, 간결하고 유지가 수월해야 한다. 도서는 분류 순서대로 서가에 꽂고, 저자와 주제별로 목록을 만든다. 도서관 목록은 열람실에서 참고가 가능하도록 한다. 카드 형식의 목록이라면 카드 서랍에 꽂아 보관한다.

도서는 참고실에 보관하기도 하고 문서고 내의 정해진 곳에 보관할 수도 있다. 이 도서는 직원이 건물 내에 있는 작업실로 옮겨 사용하려고 하는 경우를 제외하고는 참고실에서 다른 곳으로 옮겨져서는 안된다.

영구기록에 사용된 것과 같은 검색 반납시스템이 도서실에도 이용될 수 있다. 도서가 열람실 내에 있다면, 연구자들은 사용한 도서를 다시 서가에 끼워 넣을 것이 아니라, 중앙반납처에 반납해야 할 것이다.

이용빈도가 높은 도서는 여러 권 구입해 놓는 것도 좋은 방법이다. 한 권은 참고실에 두고 다른 책들은 편리하게 작업실에 둘 수 있다.

도서가 위탁 영구기록의 일부로 접수되고, 그것이 거기에 기록된 원래 업무의 일부로 영구기록에 속하게 된 도서들은 도서관 목록에 포함시키되, 관련 참조사항도 함께 기재해야 한다. 그것은 영구기록이기 때문에 참고사항에 표시된 문서고 내 위치에 보관해야 한다. 그것은 참고 도서와 함께 참고실에 보관해서는 안된다. 그러나 (정해진 규정에 따라) 직원이나 연구자들이 이용하지 못할 이유는 없다.

도서실 담당직원은 도서 구입 예산을 세워야 한다. 그는 희망 도서(desired titles) 목록을 작성하여 계획대로 구입 결정이 이루어지도록 해야한다. 그렇지 않으면, 그 도서실은 아마도 몇몇 주제들에 대해서는 충분한 정보를 가질 수 있지만 다른 것들에 대해서는 그렇지

못할 수도 있다.

기록보존소 내 연구자들에게는 그들의 연구 결과로 나온 출판물 한 부를 도서실에 제출하도록 한다.

[연습 34]

여러분이 참고도서실 관리를 담당하고 있는 아키비스트라고 가정하라. 여러분의 나라에는 여러분이 일하고 있는 국립기록보존소와 국립 도서관(National Library)이 별도로 운영되고 있다. 여러분이 아래와 같은 편지를 받았을 때, 어떻게 답변할 것인지, 그렇게 답한 이유는 무엇인지 설명하고 답장 초안을 작성하라.

아키비스트께

저는 제 개인 도서관을 정리하고 있는데, 매우 가치 있다고 생각되는 출판물 몇 권을 당신이 담당하는 기록보존소에 기증하고 싶습니다. 우리나라에 대한 연구에 도움이 되리라 생각합니다. 저는 아래의 간행물을 제공할 수 있습니다. 제가 요구하는 것은 단지 이들의 상업적 가치를 증명하는 서류인데, 이는 제가 세무서에서 어떤 조사가 있을 경우 기증사실을 증명하기 위한 것입니다.

- *1965년부터 1988년 사이에 발행된 8종의 세계지도*
- *다양한 연도에 발행된 지역 박물관 저널(local museum journal) 54권*
- *탐험가 이순신이 1922년에 발행한 국토 탐사일기 초판*
- *1987년부터 1997년까지의 국립 신문(national newspaper). 세트로 되어 있으며 상태 매우 양호함.*

기증물을 어디로 보내야할 지 알려주시기 바랍니다.
감사합니다.

연구자 김선영 박사

---

9. 특수 참고 프로젝트 관리

참고 부서는 영구기록을 이용자들에게 대출하는 것과 관련된 모든 절차를 책임진다. 참고 부서의 주요한 업무는 열람실 관리로, 연구에 적합하고 사용된 문건의 보호에 적합한 환경, 영구기록의 주문 및 반납 절차의 신중한 운영에 적합한 환경을 갖추는 일 등이 포함된다. 그러나 열람과 직원은 소장된 영구기록의 성격 및 범위에 대해 또 이용가능한 검색도구(finding aids)에 대해 이용자에게 깊이 있는 안내를 제공하기 위해서는 이러한 주요 임무 외에 특별한 프로젝트를 수행할 수도 있다.

참고실 업무는 요구에 따라 수행된다. 연구자를 돕고 서면질의에 답하기 위해 모든 가용 직원들이 동원되어야 하는 때가 많겠지만, 직원들이 여유시간을 가질 수 있는 때도 있을 것이다.

> 특수 참고 프로젝트는 기록보존소의 필요와 우선 순위를 적절히 고려해야 한다.

관리자들은 어떤 특수 프로젝트가 수행될 것인지 결정하여, 그 프로젝트를 능력에 따라 개개인들에게 할당할 것이다. 이러한 프로젝트는 직원들이 연구자들을 돕지 않아도 될 때 추진될 것이다. 특별 프로젝트는 직원의 영구기록에 대한 지식을 발전시키고 소장 기록물에 대한 공개적인 이용을 증진시키기 위하여 계획된다.

프로젝트는 다음과 같은 일과 관계가 있다.

- 영구기록에 대한 검색도구의 개선(예: 특정 시리즈에 대한 색인작업)
- 연구자들에게 팜플렛이나 광고물을 제공하는 일
- 도서실 책의 목록화
- 특정 영구기록에 대한 연구 수행
- 내부 전시 계획

10. 확대(outreach)프로그램 관리

참고 관련 프로젝트를 개발하는 것 외에, 기록관리기관은 확대프로그램을 개발하여 그 나라의 문화 유산 중에서 차지하는 기록보존소의 중요성을 보여줄 수도 있고, 많은 대중들이 기록보존소 서비스를 통해 혜택을 누릴 수 있도록 할 수도 있다. 홍보프로그램에는 출판물 간행이나 전시활동, 일반 대중이나 교육 기관 또는 특정 이익 집단과의 좌담회, 라디오나 TV 매체 등이 포함될 수 있다.

> *확대프로그램은 그 나라의 문화에서 차지하는*
> *기록관리기관의 중요성을 보여줄 수 있다.*

확대프로그램은 담당요원을 정하여 담당자의 책임하에 이루어지도록 해야 한다. 프로젝트에 착수하기 전에 해당 요원은 연구조사를 실시하여 계획된 프로그램이 적절하고 효과가 있을 지 확인하여야 한다.

그 프로젝트가 유용하다면, 이를 보여줄 수 있도록 최선의 방식으로 세부적인 연구조사가 수행되어야 한다. 예를 들면, 초중등학교생을 대상으로 한 프로젝트는 대학생 또는 일반 대중을 겨냥한 프로젝트와는 다르게 연출되어야 한다. 기록보존소 외부에서 전문가의 조언과 기술을 도입하는 것도 고려해 볼 수 있다.

기록보존소는 어떤 중요한 프로젝트에 예산을 집행하기 전에, 세부적인 비용계산을 해보아야 한다. 홍보 프로젝트를 통해 홍보효과나 수익을 창출할 수도 있지만 그 계획으로 인하여 심각한 재정 손실을 가져올 수도 있다.

물리적인 비용뿐 아니라, 직원들의 시간 비용도 계산에 포함해야 한다. 전시회와 간행물

발행에는 막대한 시간이 소요될 수 있고, 인력이 충원되지 않는다면 그런 작업은 직원들로 하여금 일상적인 임무에서 멀어지게 할 수도 있다. 어떤 프로젝트의 가치는 그것의 이점과 단점을 고려하여 평가될 필요가 있을 것이다.

어떤 확대프로그램이든 그 결과에 대해서도 고려해 볼 필요가 있다. 방대한 규모의 홍보 프로그램은 연구자의 수, 서면질의 및 학교 관련계획의 엄청난 증가를 가져올 수도 있다. 그러한 증가는 업무의 근본적인 사명에 부합하는 것이겠지만, 기록보존소가 그러한 증가에 적절히 대처하지 못한다면 전반적으로는 오히려 역효과가 날 수도 있다.

프로젝트는 한 사람에게만 떠넘겨져서는 안된다. 프로젝트 입안자는 프로젝트 위원회에 보고서를 제출해야 하며 위원회의 통제를 받는다. 위원회는 적절한 일정과 예산을 수립하고 진행과정을 점검한다.

프로젝트의 마지막 단계에서 프로젝트 위원회는 성공과 실패의 사례들을 명기한 보고서를 기록보존소 소장에게 제출하여 선례로 삼아야 한다.

> 프로젝트 계획과 관리는 『기록관리의 전략계획』에서 더욱 상세히 다룬다.

기록보존소가 실행할 수 있는 다양한 홍보 프로젝트에 대해 간략히 정리하면 다음과 같다.

[연습 36]

다음으로 넘어가기 전에, 여러분의 기관이 수행했던 3가지의 홍보 프로젝트를 적어 보라. 무엇이 실행되었는지 기술하고, 여러분이 판단하기에 그 계획이 얼마나 성공적이었는지에 대하여 간략히 분석해 보라. 앞으로 더욱 성공적이고 유용한 홍보 프로젝트가 되기 위하여 채택할 수 있는 3가지 활동은 무엇인가?

출판(Publications)

기록관리 간행물에는 여러 종류가 있다. 기초 정보를 제공하는 무료 팜플렛, 일반인들이 구입하는 우편엽서에서부터 많은 연구를 담고 있는 학술도서에 이르기까지 다양하다. 그러한 간행물의 외형과 내용은 기록관리기관의 이미지를 전달한다. 그러므로 외관상으로도 멋

지고 또 내용적으로도 정확성과 완벽성을 갖추는 것이 중요하다.

또 필요한 발행 부수를 신중하게 추정할 필요가 있다. 기록보존소에 관한 내용을 소개하는 팜플렛과 도서는 빠른 속도로 낡은 것이 되어버린다. 많은 양의 재고는 자산이 아니다.

기록보존소에 대한 정보를 주는 팜플렛이나 전단은 명확하고 간결하며 쉽게 갱신할 수 있어야 한다. 잠재적 연구자에게 필요한 기본적인 정보 예를 들면, 주소, 개관 시간, 시설물 사진과 소장기록물에 대한 간단한 개요들을 제공하는 팜플렛은 서면 질의에 답할 때 많은 시간을 절약하게 해준다.

상당한 비율의 연구자들이 유사한 종류의 문의를 해 온다면, 참고할 필요가 있는 영구기록을 골라내어 그 주제에 대한 팜플렛을 작성하는 것도 고려할 수 있다. 이 일은 보존소 내의 전문가에게 부탁하든가, 직원 중 한 사람을 지목하여 그 주제를 개발 프로젝트로 연구하도록 한다. 일단 그러한 팜플렛이 마련되면, 연구자들은 열람실에 근무하는 직원의 지식에 상관없이 거기서 전문적인 도움을 얻게 될 것이다.

기록보존소에서는 직원들의 상당한 시간 투자를 요하는 어느 정도 학술적인 출판물과 함께 그 출판 매체도 고려해야 한다. 종이 출판은 편리하지만 비싸다. 잠재적 연구자들은 아마도 돈을 더 적게 들여 마이크로피시 사본이나 플로피 디스켓, CD - ROM 구입을 선호할 것이다. 왜냐하면 이러한 포맷을 읽을 장비가 더욱 폭넓게 이용되고 있기 때문이다.

모든 책은 출판, 전시되기 전에 완벽하게 교정 검토되어야 할 것이다. 활자 등 인쇄의 실수는 출판물의 전문적인 인상을 크게 실추시킨다.

전시회(Exhibitions)

영구기록은 기록보존소 관내에서 반출되어서는 안된다는 것이 일반적인 원칙이다. 이 규칙은 기록물이 영구히 보존되어야 한다는 최우선 원칙을 뒷받침한다. 그러나 전시 목적으로 일정 기간동안 문건(item)을 옮겨야할 상황도 있을 수 있다.

전시회는 기록보존소에 대한 관심을 불러일으키면서 대중적 호감을 일으키는 효과적인 방법이긴 하지만, 원본 기록을 전시할 경우 반드시 위험이 따르므로 가능하면 원본기록물 대신 복사본을 이용하는 것이 좋다.

오늘날에는 일반적으로 전시회를 계획하고 연출할 때, 전문가의 도움을 받을 필요가 있다. 일반 대중은 이제 TV와 광고매체 등을 통하여 완성도가 높고 전문적으로 계획된 전시회에 익숙해졌다. 기록보존소는 한두 군데의 다른 문화 관련 기관과 공동전시를 계획하거나 민간부문으로부터 후원을 받아 이러한 전문성을 확보할 수 있다.

가능하면 선택한 주제에 적절하고 내용이 흥미로울 뿐 아니라 겉보기에도 흥미롭거나 관심을 끌만한 기록들을 추린다. 전시회는 강력한 시각적 이미지를 제공하지 못할 경우 성공하기가 매우 어렵다. 기록을 확대복사하여 이용하거나 색상지에 복사하는 것이 효과적일 수 있다. 사람, 사건 및 장소에 관한 사진과 3차원 입체물도 보존기록물에 생기를 불어넣을 수 있다.

전시물에는 번호를 매기고 설명문을 달아둔다. 설명문은 적당한 거리와 편안한 높이에서 쉽게 읽을 수 있어야 한다는 점을 유념해야 한다. 설명문은 짧고 명료하게 만들라. 더 많은 설명이 필요하다면, 도록(catalogue)에 포함시키도록 한다.

전시회의 도록이 필요한지 판단해야 한다. 규모가 작고 단기간의 전시회에서는 도록이 필요하지 않을 수도 있다. 일반적으로 많이 보여주면 줄수록 좋지만, 어떤 전시회의 경우는 한 장의 안내문이면 충분할 수도 있다.

대규모 전시회의 경우, 우편엽서나 다른 기념이 될만한 것을 만들어 판매하는 것도 고려할 수 있다. 전시회 방문자들은 흥미로운 기념품이라면 구입할 준비가 되어 있다.

전시회를 충분히 홍보했는지 확인한다. 만약 사람들이 전시회에 대해 몰라서 오지 않는다면, 여러분의 노고는 헛것이 된다. 적당한 출판물에 광고전단을 활용해도 좋다. 또 많은 포스터를 붙인다. 지역 라디오와 TV 방송국에 알리고 전시회에 관한 인터뷰를 제안한다. 또 대학교, 초중등 학교와 기타 관련 단체들에 알린다. 고급 공무원이나 VIP에 의한 공식 개막은 대중적 관심을 끌고 기관의 위상을 높이는데 도움을 줄 것이다.

다른 기관이 개최하는 전시회에 기록관리기관이 기록들을 대여할 경우, 기록보존소 소장은 엄격한 조건들이 지켜질 것이라는 보장을 받아야 한다. 표27은 대여조건수락 서식과 등록대장(loan conditions acceptance form and register)의 예이다.

기록보존소 내의 기록 전시회도 대여 전시회 때에 필요한 물리적 조건을 따라야 한다. 어떤 기록도 물리적 손상을 유발하거나 햇볕에 노출된 상태로 진열대에 두어서는 안된다. 기록은 결코 직사광선에 노출되어서는 안되며 인공광의 조도는 낮게 유지되어야 한다.

좋지 않은 영향을 받는 상황에 더 이상 노출되는 일이 없다 하더라도, 기록물을 1년 이상 전시하는 것은 바람직하지 않다.

대여조건수락서(Loan Conditions Acceptance Form)

서명 후 이 서식은 반납해 주시기 바랍니다(한 부는 작성자 보관용).

전시회 개최 기관 명 및 주소: _____

_____

연락수취자의 성명 및 주소(상기 주소와 다를 경우 기재): _____

전시회 제목: _____

전시 기간: _____

전시될 개별 페이지나 문건 번호를 포함하여, 대여신청한 기록의 국립기록보존소
참고사항과 기술(필요하다면 별지 첨부): _____

_____

_____

보관과 안전에 관한 사항

전시회장의 온도와 습도의 변화정도: _____

_____

전시회장 조명의 자연광 또는 인공광 여부: _____

전시회 개최 시의 조도: _____

진열대 잠심상지여부: _____

전시회의 24시간 보안장치 여부: _____

전시회 운영 비상 대책 여부: _____

저는 율도국 국립기록보존소로부터 영구기록 원본을 대여하기 위한 상기 조건을 읽고
이에 동의하며 대여에 관한 재정적 관리적 책임을 수락합니다.

서명: _____ 일시: _____

성명(활자체로): _____ 직위: _____

표27 : 대여조건수락 서식과 등록대장 표본

율도국 국립기록보존소 전시회를 위한 영구보존기록물의 대여

현행 법률상 국립기록보존소의 장은 전시회에 전시하기 위하여, 그리고 다른 적합한 목적을 위하여 기록(documents)을 빌려줄 권한을 갖는다. 국립기록보존소에서 기록을 대여 받고자 하는 자는 아래 규정된 조건을 충족시켜야 하며, 동봉된 대여 조건 승인서에 서명하여야 한다. 이 조건은 국립보존소 소장에 의하여 제정된 것이다.

일반 조건

1. 대여 신청은 필요한 조건점검, 보존, 사진촬영, 설치에 필요한 충분한 시간을 확보하기 위해 적어도 예정된 전시 개시일 3개월 이전에 접수되어야 한다.

2. 국립기록보존소의 선임 직원은 신청된 기록문건의 전달 및 회수시 동행하며, 전시장소의 조건이 불만족스러운 경우에 대여한 기록을 회수할 수 있는 절대적인 재량권을 갖는다.

3. 대여자는 대여과정에서 국립기록보존소에서 발생한 모든 비용을 책임진다. 여기에는 다음 사항이 포함된다;

> 네거티브 필름과 마이크로 필름을 보호하는데 소요되는 비용
> 보험료(필요한 경우)
> 전시 문건 품목의 취급, 설치, 포장에 소요되는 비용
> 전시품 운송시 동행하는 기록보존소 직원의 여행 및 출장경비

4. 문건은 공공 전시 목적으로만 임대되고, 기록보존소 소장의 서면 동의 없이는 진열장 외의 연구나 다른 목적을 위해 사용될 수 없다. 문건을 전시 진열장에 설치한 후에는 비상사태의 경우를 제외하고는 전시회가 끝날 때까지 안정된 상태로 두어야 한다.

5. 임대된 어떤 문건에도 연필이나, 잉크, 페인트 또는 다른 물질로 표시를 해서는 안되며, 이미 표시가 되어 있는 것은 어떤 것도 지울 수 없다. 문건에 어떠한 종류의 접착제도 사용해서는 안된다. 문건을 고정시키거나 진열하는데 사용하는 모든 재료는 탈산(acid free) 재료여야 한다.

6. 전시 목적으로 사용된 모든 제목과 카탈로그, 안내문에 기록하는 내용 설명에는 그 문건에 대한 전체 기록물 참고코드와 함께 율도국 국립기록보존소에서 대여한 문건이라는 사실을 나타내야 한다.

7. 전시회 카탈로그 사본 1부를 무료로 율도국 국립기록보존소에 보내야 한다.
8. 대여 합의서에 있는 문건이라고 하더라도, 대여기관은 국립기록보존소 소장의 서면 요청이 있을 경우에는 일부 또는 모든 품목을 반환해야 한다.
9. 국립기록보존소 소장은 언제라도 대여를 중지할 권한을 갖는다.

안전

10. 전시는 모든 면에서 안전과 보안이 전제되어야 한다. 문건이 대여되기 전에 적절한 안전장치를 갖추어야 한다.
11. 모든 문건은 잠금장치가 있는 진열장에 전시해야 한다. 다른 전시 방법, 특히 벽에 설치할 경우에는 기록보존소 직원과 사전에 미리 협의해야 한다.
12. 전시회에 동행한 국립기록보존소의 담당자는 진열장에 문건을 배치하고, 잠금장치를 감독한다. 이후 전시물과 전시 설치물은 그대로 유지되어야 한다. 국립기록보존소는 특정 진열장에 경보기 설치를 요구할 권한을 갖는다.
13. 국립기록보존소와 합의한 것 이외의 보존작업을 해서는 안된다.

전시환경

14. 전시 공간의 온도는 섭씨 20℃를 초과해서는 안된다. 상대습도는 55%(±5%)여야 하며, 조명은 50룩스를 초과해서는 안된다.
15. 전시장은 금연구역이다.

손실에 대비한 보험가입(손해보험)

16. 기록보존소는 모든 경우에 대비하여 요구되는 보험보장범위를 결정한다.

포장과 전시

17. 국립기록보존소는 전시회 전후의 운송을 위해 모든 문건을 포장한다.
18. 차용자는 전시품을 반환할 때 포장을 다시 사용할 수 있도록 전시기간 동안 포장용구를 안전하게 보관해야 한다.
19. 기록보존소는 전시기관과 합의한대로 설치작업을 진행한다. 어떤 설치물이나 지지물도 전시기간 동안 제거하거나 바꾸어서는 안된다.

표27 : 대여조건 서식과 등록대장 표본(내용)

영구기록의 교육적 이용

각국의 국립 및 지방기록관리기관에는 적절한 보호 조치 하에, 영구기록을 각급 학교의 강의나 시험에 이용할 수 있게 하는 교육 프로그램이 있다.

학교 프로젝트는 전문교육자의 도움을 받아 수립해야 하며 뚜렷한 교육목적을 가지고 있어야 한다. 이 목적은 독립적인 연구의 증대와 기본 자료의 이용을 증진시키는 일을 포함하여 광범위하다. 시험 준비를 돕는다든지 하는 구체적인 목적일 수도 있다.

교육적인 목적으로 영구기록을 활용할 경우, 일반적으로 3가지 선택이 있을 수 있다.

1. 기록보존소는 견학을 위해 문서고(repository)와 열람실(search room)에 학생들을 초청할 수 있다.
2. 기록보존소는 토론이나 전시를 위해 학교에 자료를 가져갈 수 있다.
3. 기록보존소는 기록류(documents)를 출판하거나 복사할 수 있다.

학생과 교사가 영구기록과 여타 주요 기록을 쉽게 이용할 수 있게 하는 일반적인 방법은 교육용 자료집을 발간하는 것이다. 이 주제에 관해서는 많은 전문적인 사례가 있다. 기록보존소에 있는 기록 중 외부에 호소력이 있는 문건(items)이나, 가능하면 관심을 끌거나 읽을 만하고 인상적인 내용을 가진 기록(documents)에 기초해서 자료집을 만들어야 한다.

자료집(packs)은 다음과 같은 것을 포함할 수 있다.

- 기록(documents)의 선택과 자료집의 목적을 설명하는 서문
- 선별한 기록(documents)에 대한 일련의 복사본
- 복사본의 해석과 이용을 도모하기 위한 정서(正書), 주석, 연습과 활용

기록보존소가 일반적으로 실시하는 또 다른 것은 방문의 날을 갖거나, 보존소 업무 중 특정 분야나 영구기록에 대한 워크샵 또는 세미나를 개최하는 것이다. 이를 정규 프로그램화하는 것도 고려해 볼만하다.

여기에는 새로운 교사나 강사를 위한 연수코스에의 정례적인 참가, 새로운 연구 프로젝트나 학생을 위한 정례 자문 세미나, 연구의 새로운 방향을 모색하기 위하여 관련 분야의 연사를 초청하여 진행하는 세미나 활동 등이 포함된다.

기록보존소의 소장기록물을 이러한 방식으로 이용하는 데 직원들이 특별한 관심을 기울여온 곳에서는, 직원들로 하여금 관련 주제를 가르치는 조직적인 프로그램에 착수할 수 있도록 지원해야 한다.

아키비스트의 정례적 방문과 대화도 적절한 교육기관의 교육 프로그램의 일부가 될 수 있다. 이러한 참여 방식은 때로 대중매체에까지 유용하게 확장될 수 있다.

영구기록 일반에 대한 토론, 특히 특정 범주의 영구기록에 대한 토론이나 혹은 특정 주제와 연관된 영구기록의 출처에 대한 토론도 교육프로그램의 일부가 될 수 있을 것이다. 예를 들면 역사협회, 족보학자, 학술단체, 대학 같은 고등교육기관 등 특별한 관심을 가진 단체의 요구에 따라 이러한 활동이 이루어질 수 있다. 일반대중과의 대화, 기록보존소 방문의 날과 기록보존소 탐방은 기록보존소의 역할과 업무에 관한 관심을 고무시키고, 기록관리기관이 제공하는 서비스에 관한 인식을 일깨워주는 데 도움이 된다. 이러한 종류의 확대프로그램은 잠재적인 기탁자나 외부 지원의 여지를 넓히는 데 선도적인 역할을 할 것이다.

요약(Summary)

제4과에서는 연구자를 위한 참고업무의 규정과 홍보, 광고 프로그램의 수립과 개발에 대한 개념을 검토하였다. 정부 공무원에서부터 일반대중과 학술 연구자들에 이르기까지 기록보존소의 소장기록물을 이용하는 광범위한 이용자들의 요구를 고려한 참고업무와 확대프로그램 개발의 중요성에 대하여 살펴보았다.

아래와 같은 구체적인 주제를 다루었다:

- 참고서비스 제공
- 참고실 관리
- 연구자 신청서 처리와 열람증 발행
- 출입자 등록대장 관리
- 기록물 신청과 대출
- 영구보존기록물의 회수 및 반환
- 마이크로필름 소장기록에 대한 열람 제공
- 서면질의에 대한 처리
- 기록보존소의 참고도서실 제공
- 특수 참고 프로젝트 관리
- 확대프로그램 관리

어느 면에서는, 이러한 많은 확대 활동이 기록보존소의 현재 가용자원(current resources)의 범위를 넘어서는 것으로 생각할 수도 있을 것이나, 여러분은 기관의 필요성과 우선순위에 따라 시간과 자원(resources)이 허락하는 한 이 제안을 검토하고 고려해보았으면 한다.

학습문제(Study Questions)

1. 왜 기록보존소가 참고서비스(reference services)를 제공해야 하는가.
2. 왜 참고정책(reference policies)을 서면으로 작성해서 공식적으로 승인받아야 하는가.
3. '열람실'을 정의하라.
4. 참고실이 갖추어야 하는 4가지 요건을 밝혀라.
5. 참고실 감독 시 참고실 직원이 취해야 할 3가지 조치를 밝혀라.
6. 참고규정을 위반한 열람자(reader)를 발견하면 어떤 조치를 취해야 하는가.
7. 열람증 발행이 갖는 가치를 설명하라.
8. 열람증 발행의 주요 단계를 설명하라.
9. 왜 정부나 조직의 직원, 그리고 기록보존소 직원이 열람증을 소지해야 하는가.
10. 기록관리기관에서 연구자 등록을 하는 목적을 설명하라.
11. 출입자등록대장의 목적은 무엇인가.
12. 기록물의 신청과 대출과정을 설명하라.
13. 이용자가 문건 대출시 대출신청서를 이용하는 이유는?
14. 기록관리기관에서 연구자가 한번에 대출할 수 있는 문건의 수를 제한하는 이유는?
15. 문건(items)을 이용한 후에 가능한 한 빨리 반환해야 하는 이유는?
16. 대출등록부를 정기적으로 점검해야 하는 이유는?
17. 이용자가 마이크로필름 형태의 소장기록을 직접 이용하게 하는 데는 어떤 장점과 단점이 있는가?
18. 서면질의를 처리할 때 기록보존소 요원의 3가지 임무를 설명하라.
19. 서면질의에 대한 방침을 개발할 때 고려해야 할 요소는 무엇인가?
20. '마감(target times)'의 개념은 무엇인가?
21. 어느 경우에 표준화된 답변이 사용될 수 있는가?
22. 등록부나 서면질의서를 보존해야 하는 이유는 무엇인가?
23. 기록관리기관의 참고도서실에는 어떤 종류의 출판물을 보관하는가?
24. 참고서비스를 향상시키기 위해 기록관리기관이 취할 수 있는 3가지 특별한 계획을 서술하라.
25. 연구자와 대중의 흥미를 끌기 위해 기록관리기관이 취할 수 있는 3가지 확대프로그램을 말하라.

연습: 조언

연습 25

여러분이 이 연습문제에서 모은 자료는 이 과 전체를 학습하는 동안 유용한 기초가 될 것이다. 이 모듈에서 논의된 이상적 상황을 여러분 기관의 현실과 비교하는 것이 중요하다. 그렇게 함으로써 여러분의 업무에서 가장 바람직한 활동과정을 세심하게 생각할 수 있을 것이다.

연습 26

이 과에서 제공한 정보를 여러분의 제안과 비교하고, 열람자가 편안하고 즐거이 참고실을 이용할 수 있으면서도 영구기록을 보호하고 안전성을 높일 수 있는 간단한 변화를 구상해보라.

연습 27-28

이 과에서는 열람증 발급과 출입자등록부 관리의 다양한 이점에 대하여 개관하였다. 정형화된 처리절차는 활동에 대한 완전한 기록을 제공하고 조직이 공정하고 일관된 실무를 유지하도록 해주기 때문에 어느 조직에나 유용하다.

연습 29

영구기록을 이용하는 절차는 우선 기록물을 보호하는 것이 급선무이다. 예를 들면, 열람자에게 문건을 직접 검색하도록 허용하는 것이 편하겠지만, 이것은 절대 안전하지 못하며 허용되어서도 안된다. 그러므로 등록부와 서식은 기록의 처리와 이용사실을 기록함으로써 보존소 업무에 도움을 준다.

연습 30

기관의 일원이 기록을 이용할 수 있도록 하기 위하여 선택된 시스템은 주로 기관의 요구나 기록의 성격에 좌우된다. 매우 민감한 기록물은 보호해야 한다. 통제구역에 보관된 기록물은 정해진 방식대로 이송되어야 한다. 기관 내 기록의 이용을 위하여 처리절차를 개선하거나 개발할 때에는 이런 점을 염두에 두어야 한다.

연습 31

필름사본이 이용되는 경우, 가능하면 이용자 자신이 마이크로폼을 다루도록 하는 것이 가장 쉽다. 그러나 마이크로폼을 어떻게 이용하도록 할 것인지를 결정하는 일은 열람자의 수와 조건, 그러한 시설에 대한 일반인의 이해정도, 열람실 직원에게 허용된 자원과 시간에 달려 있다.

연습 32

서면질의에 답하기 위해서는 문서화된 공식 정책이 있어야 한다. 그렇지 않으면 아키비스트가 자신이 관심 있는 것에는 상당한 시간을, 그렇지 않은 것에는 시간을 얼마 소비하지 않을 것이다. 이는 직원들의 시간을 제대로 활용하는 것이 아니며, 같은 대우를 받아야 하는 열람자들에게는 차별로 여겨질 것이다.

연습 33

질의 서신과 관련하여 여러 가지 문제가 발생한다. 아키비스트가 원한다고 할지라도 필요한 연구를 수행하는 것이 불가능하다. 또 질문이 너무 모호하여 아키비스트가 어떤 해석을 내리기 어렵다. 전문요원이 적합한 기록을 모두 찾지 못한다면 어떻게 할 것인가? 또는 그가 너무 많은 자료를 찾아서 오히려 연구자가 그것은 내가 원하던 것이 아니라고 한다면 어떻게 할 것인가?

이 상황에서는 기록관리기관이 그런 조사를 수행할 수 없고, 연구자 자신이 직접 작업을 하라고 답하는 것이 바람직하다. 기록관리기관이 독자적인 연구자의 명단을 가지고 있다면, 이 정보를 제공해줄 수도 있다. 그리고 참고 규정 한 부를 보내주고, 가능하면 연구자가 기록관리기관에 어떤 기록물이 소장되어 있는지 대략 알 수 있는 무료 배포책자도 보내주는 것이 좋을 것이다.

연습 34

이 연습문제에서 가정한대로 여러분의 국가에 국립도서관이 있다면, 아래에 적시된 자료 중 몇몇은 분명히 기록관리기관 측에 가치가 있을 것이다. 도서관이 문제의 모든 아이템을 다 원하지 않는다 해도 대부분이 도서관으로 보내질 수 있다. 기록관리기관이 탐험에 대한 정보와 같은 광범위한 지정학적 자료를 가지고 있다면, 그 지도는 역사적 참고 도구로서 가치가 있을 것이다. 그러나 지방박물관 잡지가 비록 도서관에서 일반 참고나 공공 이용에 유용하다 하더라도, 그것은 어디서나 쉽게 구할 수 있을 것이기에 기록관리기관에서 볼 때는 큰 가치가 없을 것이다. 출판된 일기 초판본은, 만일 기록관리기관이 소장하고 있지 않다면 중요한 구입대상이 될 것이다. 기록관리기관에 국정신문이 없고 도서관에도 없다면, 이 자료의 입수를 고려해야 하고, 보존과 활용을 위해서 가능하면 마이크로필름으로 만드는 것을 고려하도록 한다.

또한 기록관리기관이 인수받지도 않았고 면밀히 검토할 수 없는 기록물에 대하여 금전적인 가치를 감정해주는 것은 바람직하지 못하다. 먼저 기록관리기관이나 도서관이 이 잠재적인 기증자와 교섭할 것인지를 결정한 후, 인수에 합의하기 전에 만나서 상황을 논의하고 문건을 검토해야 한다.

연습 35

참고업무 프로젝트는 국민들의 의식을 깨우칠 수 있다. 그러나 이 일은 비용과 시간이 든다. 자금이나 시간을 투여하기 전에 그 프로젝트의 목적과 범위를 검토해야 한다.

연습 36

확대프로그램은 흥미롭고 고무적이기는 하지만, 그만큼 예산과 시간이 소모된다. 마찬가지로 자금이나 시간을 투여하기 전에 그 프로젝트의 목적과 범위를 검토해야 한다.

다음에는 무엇을 할 것인가?

『기록보존소의 기록관리』에서는 기록관리기관에 기록물이 이관된 뒤 그 직원인 아키비스트가 그것을 관리, 보존, 기술, 검색하기 위하여 수행하는 전문적인 활동에 대하여 개관하였다.

『기록보존소의 기록관리』는 다음과 같은 기본 목표를 달성하였다.

- 기록관리기관의 운영 원리 설명
- 기록관리기관으로 기록물을 이관하는 것과 관련된 이론, 원칙, 실무에 대한 개관
- 정리(배치)와 기술(검색을 위한 내용 설명)의 이론, 원칙, 실무에 대한 설명
- 기록관리기관의 참고서비스 규칙과 확대프로그램의 개발과 관련된 핵심 문제의 개관

업무를 위한 우선순위 설정

이런 원칙, 개념, 실무를 이해하고 나면, 다음으로 무엇을 할 지 생각해 보아야 한다. 영구기록관리의 우선순위를 정하고, 어디서 더 많은 관련 실무에 대한 지식을 얻을 수 있는지 알 필요가 있다. 이 모듈에서는 기록물관리 업무의 핵심 활동을 소개하였는데, 그러면 여러분은 먼저 어떤 일을 해야하는가? 어떤 것이 우선 순위가 높고 낮은가?

[연습 37]

이 과를 더 공부하기 전에, 여러분 기관의 상황과 이 모듈에서 제시한 정보를 생각해 보라. 그리고 기록관리프로그램의 검증과 개선을 위하여 설정할 수 있는 3가지 우선순위를 판별해 보라.

각 기관은 현재의 업무 절차, 직원과 자원의 수준, 선결과제 및 장단기 계획에 기초하여

서로 다른 의사결정을 내릴 것이다. 그러나 기록관리기관이 계획된 방식으로 소장기록물을 관리할 수 있도록 하기 위한 몇 가지 제안은 가능하다. 다음 제안들을 고려해 보라.

우선 1순위: 보존과 열람 조건의 검토와 개선

영구보존을 위해서 영구기록은 손상을 입거나 퇴락하지 않을 조건에서 보관, 이용되어야 한다. 영구기록이 제대로 보호되지 않는다면, 기록관리기관의 다른 모든 기능이나 업무가 피해를 입을 것이다. 항상 보존과 활용 사이에는 갈등이 있게 마련이지만, 가능하다면 기록물의 생존을 위협하는 취급이나 처리에 노출되어서는 안된다. 개선책 마련 여부를 판단하기 위해서는 보존 조건과 접근 및 이용 조건을 검토하여야 한다.

우선 2순위: 이관절차의 확립과 개선

이관 절차는 가능하면 완벽하고 적절해야 한다. 기록물의 정리나 기술에 소요되는 시간에 상관없이, 기록관리기관에서는 실물 기록의 인수를 기록하고 적어도 기록이관을 통하여 예비적인 기술을 준비해야 한다. 그럼으로써 초기에 관리차원의 통제를 확보할 수 있다.

우선 3순위: 기술시스템의 검토와 개선

보존소의 검색도구는 열람자나 연구자들이 소장기록물에 접근하는 데 가장 결정적인 수단이다. 가능하다면 검색사항기술 절차의 현재 수준을 평가하고, 영구기록에 관한 정보 접근을 개선할 수 있도록 시스템을 바꾼다.

우선 4순위: 기록관리기관의 기타 업무절차에 대한 검토

기록관리기관의 기타 업무도 최선의 수준에서 운영될 수 있도록 검토되어야 한다. 기록관리기관이 연차보고서를 내고 있는가. 그것은 얼마나 포괄적인가. 기록관리기관이 업무평가를 수행하고 있는가. 시스템과 절차에 대하여 점검하고 있는가. 기록관리기관의 모든 업무를 정기적으로 점검하는 것이 좋지만, 모든 절차가 효과적이고 효율적으로 이루어질 수 있도록 몇 년 단위로 전면적인 재평가를 해보는 것이 중요하다.

도움 받을 곳

특히 개발도상국의 많은 기관에서는 가령 최근의 출판물이나 전문적인 상담가와 같은 고급의 인적 물적 자원에 대한 접근이 제한되어 있다. 그러나 더 많은 정보나 도움을 얻을 수 있는 곳들이 있다. 다음은 영구기록 문제와 관계된 기관의 명칭과 주소이다. 이 주소 목록은 영구기록 영역에 국한하여 작성하였다.

> *기록물관리 관련 기관 및 협회에 대한 정보는 『기록관리 참고문헌』을 보라.*

전문가 협회와 조직

캐나다 기록관리전문가협회

PO Box 2596, Station D
Ottawa, Ontario, Canada K1P 5W6
Tel: +1 613 445 4564
Fax: +1 613 445 4565
Email: aca@magmacom.com
Website: http://www.archives.ca/aca/

캐나다 기록관리전문가협회는 국가적 조직이다. 이 협회는 저널과 소식지를 발간하며, 년례회의를 주관하고, 캐나다 아키비스트를 위한 다양한 교육 기회를 제공한다.

영연방 아키비스트와 기록관리자 협회(ACARM)

12 John Street
London WC1N 2EB, UK
Tel: +44 171 831 4101
Fax: +44 171 831 7404

ACARM은 전문적 정보망을 제공하고 영연방 국가들의 아키비스트와 기록관리자에게 도움말을 준다.

호주 기록관리전문가 협회

PO Box 83
O'Connor ACT
Arstralia 2601
Website: http://www.archivenet.gov.au/asa

이 협회는 호주의 아키비스트 전문조직으로, 호주 기록관리전문가의 증가와 영구기록 관련 기술에 대한 요구에 부응하여 1975년에 결성되었다. 이 협회는 선출직 평의회, 지부, 특수사업단이 관리하는 전국적 조직이다.

이들은 다음과 같은 일을 목표로 하고 있다.

- 아키비스트의 직업적 정체성을 증진한다
- 영구기록의 보존에 대한 관심과 이용을 증진하고, 연구 및 실무 차원의 모든 분야 발전을 위하여 노력한다
- 자격 기준과 직업 훈련을 포함하여 아키비스트의 영구기록 관리 실무와 전문 활동의 표준을 만들고 유지한다
- 공통의 이해와 관심을 가진 다른 조직과 협동하는 등 영구기록의 책임성있는 활용을 도모한다
- 아키비스트, 각 기관, 영구기록 이용자 사이의 소통과 협력을 증진한다
- 기록관리 전문직을 위한 정보를 간행, 배포한다

국제기록관리협의회(ICA)

60, rue des Francs - Bourgeois
75003 Paris, France
Tel: +33 0 1 40 27 63 06
Fax: +33 0 1 42 72 20 65
Email: 100640@compuserve.com
Website: http://www.archivesca/ICA/

ICA는 세계 기록유산의 보존, 발전, 이용에 노력하는 세계 기록관리계의 전문조직이다. ICA는 국립 기록관리기관, 전문가 협회, 지역 및 지방 기록관리기관, 개인적 자격의 전문가가 참여할 수 있다. ICA에는 170여개국의 1,450여 회원이 있다. 이는 비정부 조직이며, 유네스코나 유럽평의회와 같은 국제적 조직과 긴밀히 협조하고 있다. 다른 비정부 조직과도 긴밀히 연계하고 있다.

ICA는 다음과 같은 광범위한 국제적 활동을 벌이고 있다.

- 일반적인 출판 및 학술회의 프로그램
- 지역별 분회 사이의 협력 증진을 위한 발전 프로그램
- 유럽에서의 기록관리 협력 증진을 위한 프로그램
- 각 부문이나 위원회에서 수행하는 전문 프로그램
- 유네스코나 다른 국제 기구와 협력하에 이루어지는 특수 프로젝트

파리 본부에 사무실을 두고 있는 ICA에서는 5명의 정규 사무국원이 일반적인 조직관리를 맡고 있다. ICA는 회원간의 연결망과 자발성에 기초하여 시간과 직업적 전문지식을 투여하는 전세계적 교류를 통하여 전문적 성과를 내고 있다. ICA에서는 다양한 회의의 개최와 정기적으로 ICA 지침을 갱신하고 있을 뿐만 아니라, 야누스(Janus), 아키붐(Archivum), ICA 불레틴(Bulletin) 같은 많은 가치 있는 연구성과를 출판하고 있다. ICA에는 지역별 지부, 연구부문, 위원회 및 기록관리 주제에 관한 프로젝트 그룹 등이 있는데, 아래에 정리해 놓았다.

지역별 지부

- ALA: 라틴아메리카 아키비스트 협회
- ARBICA: 아랍 지부
- CARBICA: 카리브 지부
- CENARBICA: 중앙아프리카 지부
- EASTICA: 동아시아 지부
- ESARBICA: 동남아프리카 지부
- PARBICA: 태평양 지부
- SARBICA: 남동아시아 지부
- SWARBICA: 남서아시아 지부
- WARBICA: 서아프리카 지부

연구부문

- ICA/SAE: 기록관리 교육 및 훈련 부문
- ICA/SBL: 기업 및 노동 기록 부문
- ICA/SIO: 국제 아키비스트 조직 부문
- ICA/SKR: 교회 및 종교 교파 기록 부문

- ICA/SMA: 도시 기록 부문
- ICA/SML: 임시 군대 기록 부문
- ICA/SPA: 전문 기록관리 협회 부문
- ICA/SPP: 의회 및 정당 기록 부문
- ICA/SUV: 대학 및 연구기관 기록 부문

기록물관리분야의 교육자는 ICA/SAE에 관한 정보에 눈을 돌려야 한다. ICA/SAE는 전세계의 기록관리 교육과 훈련에 관여하고 있다. 여기서는 기록관리분야의 교사가 사용할 논저목록 등이 있는 웹사이트를 운영하고 있다. 웹사이트 운영자는 교육자, 교육프로그램, 연구출판계획 등에 관한 데이터베이스를 운영할 계획이다.

위원회

- 영구기록관리 건물 및 설비 위원회
- 기술 표준 위원회
- 전자 및 기타 현용기록 위원회
- 정보기술 위원회
- 영구기록관련 법률 사안 위원회
- 영구기록물 보존 위원회
- 인장학(印章學. sigillography) 위원회

프로젝트 그룹

- 용어 프로젝트 그룹
- 건축 기록 프로젝트 그룹
- 오디오-비디오 기록 프로젝트 그룹
- 전쟁이나 기타 재앙에 대비한 영구기록 보호 프로젝트 그룹
- 문학 및 예술 기록 프로젝트 그룹

국제 기록관리 조합(IRMT)

12 John Street
London WC1N 2EB, Uk
Tel: +44 171 831 4101

Fax: +44 171 831 7404
Email:info@irmt.btinternet.com
Website: http://www.irmt.org

이 조합은 공식 정부기록 관리에 대한 개발도상국의 요구를 지원하기 위하여 1989년에 설립되었다. 기술이 기록물 생산, 이용, 보관에 점차 빠르게 영향력을 높여가고 있기 때문에, 혁신적 전략적 해결책이 시급히 요구되고 있다. 이 조합은 이러한 필요에 부응하여 설립되었다. 교육, 연구, 실무 기술지원 봉사단체로서 광범위한 프로젝트 사업을 수행하고 있다. 이들은 다음의 3가지 영역에서 프로젝트를 개발, 발전시키고 있다.

- **지역 프로젝트(country project)** : 공공 기록 관리를 담당하는 지역의 공무원이나 전문가를 지원하기 위하여 시작하였다. 여기에는 법이나 규정상의 틀을 잡고, 조직 구조를 개발하고, 국립기록보존소의 지속적인 기록물 관리기능 통제능력을 강화하며, 기록관리를 위한 새로운 시스템과 절차를 소개하거나, 전문가적 역량을 발전시킨다.
- **교육 프로젝트** : 기록의 중요성에 대한 인식을 높이고, 영어 사용 국가에서 공유될 수 있는 교육 모듈과 자료를 개발하는 역할을 한다. 이러한 자료는 다른 행정 전통을 가진 개발도상국의 필요에 맞추어 응용될 수 있다. 이 모든 경우에서 목표는 자료가 세계적 이론이나 최선의 실무와 보조를 맞춘 것이면서도, 기금의 제약이 심하고 기술적 제도적 기반구조가 제한된 지역적 현실에도 적용될 수 있는 것이 되도록 하는 것이다.
- **연구조사 프로젝트** : 급격한 기술 조건의 변화 속에서, 재정 및 인사 기록관리 등과 같은 핵심분야에서 바람직한 기록 관리의 요구사항을 연구하기 위하여 시작되었다. 이 조합의 연구조사 프로젝트는 현실적인 문제와 이를 풀어갈 실제적인 해결책 제시에 초점을 맞추고 있다.

조합의 프로그램과 프로젝트 사업의 범위와 복잡성은, 기술적 활용의 확대나 성장 및 이상적 정치, 책임성, 인권, 경제개혁, 투명성, 문화유산의 지속가능한 개발 등과 같은 전 지구적 관심과 더불어 확대되었다. 그들의 사업은 공식 기록에 대한 효율적인 관리가 없이는, 어떠한 기술이나 지구의 발전도 성공적으로 다룰 수 없다는 점을 거듭 천명하고 있다. 따라서 이 조합은 확대된 차원의 서비스를 제공하는 데 참여하여, 전자시대로 전환 중에 있는 개발도상국을 지원하고 있다.

아키비스트 협회

40 Northhampton Road
London EC1R 0HB, UK
Tel: +44 171 278 8630
Fax: +44 171 278 2107
Website: http://www.archives.org.uk

아키비스트 협회는 영국과 아일랜드의 아키비스트, 보존전문가, 기록관리자의 전문적인 단체이다. 그 목적은 기록물 관리와 보존, 문서고의 더 나은 관리, 그 협회 회원의 교육 개발을 촉진하는 것이다. 회원은 등록된 일반회원, 학생회원, 기관특별회원으로 구성되는데, 학생만이 아니라, 기록관리, 보존, 기록관리자 및 연관 분야의 모든 이들이 참여할 자격이 있다. 이 단체의 회원은 직업 행동강령을 의무적으로 지켜야 한다.

미국 아키비스트 협회

527 S. Wells Street 5th Floor
Chicago.IL
60607 - 3922 US
Tel: +1 312 922 0140
Fax: +1 312 347 1452
Email: info@archivists.org
Website: http://www.archivists.org

SAA는 1936년 창립되었으며 북미에서 가장 오래되고 광범위한 국가적 기록관리 전문가 협회이다. SAA는 학문적인 저널과 소식지를 통하여 교류서비스를 제공한다. 또 주로 미국 내의 아키비스트에게 지속교육과정과 취업기회를 제공한다.

웹사이트는 유용한 기관을 연결시켜주며, 우편이나 인터넷상으로 주문할 수 있는 많은 출판 목록을 제공한다.

유네스코

7 place de Fontenoy
75700 Paris, France
Tel: +33 1 45 68 10 00
Website http://www.unesco.org/webworld

일반 정보 프로그램국(PGI)에서는 기록물 관리에 관한 주제를 다룬 RAMP 연구시리즈를 출판한다. 이 교재 중 몇몇은 웹사이트에서 내려받을 수 있다. 웹사이트에는 개최될 회의나 다른 나라의 새로운 활동상황, 개발도상국의 사회나 문화활동에 관한 정보 공지를 포함하여, 정보, 도서관, 기록보존소와 관련된 다른 유네스코 사업에 대한 정보도 있다.

기록관리기관

영어를 사용국의 국립 또는 지방기록보존소에서는, 규모가 작거나 다른 전통에 있는 기록 보존소에 응용할 수 있는 훌륭한 전단이나 책을 발간하고 있다. 대부분의 기관이 웹사이트에 유용한 정보를 제공한다. 아래 목록에서는 몇몇 핵심기관만 알아본다. 대부분의 이들 기관의 웹사이트에서, 다른 국립 또는 지방 기록보존소나 관련 기관에 연결할 수 있다.

의회 도서관(워싱톤DC)

110 First Street, SE
Washington, DC, 20540, US
Tel: +1 202 426 5213
Email: lcweb@loc.gov

의회도서관은 기록물의 관리 및 보존에 대한 광범위한 연구에 참여하고 있다. 온라인으로 많은 정보를 이용할 수 있고, 간행물도 주문할 수 있다.

호주 국립기록청(NAA)

PO Box 34
Dickson
Canberra, ACT 2602 Australia
Fax: +61 6 257 7564
Website: http://www.naa.gov.au

여기서는 다양한 기록관리 관련 주제에 관한 정보를 포함하여 다수의 출판물을 무료로 제공한다. 또 국제활동에도 참여하고 있고, 그 자료의 대부분은 웹사이트에서 이용할 수 있다.

캐나다 국립기록청(NAC)

395 Wellington Street
Ottawa, ON
K1A 0N3, Canada
Tel: +1 613 996 7430(Library)
Fax: +1 613 995 6274(Library)
Website: http://www.archives.ca

이곳은 ICA웹사이트 운영 및 여타 ICA 활동을 포함한 국제 기록관리 프로젝트에 능동적으로 참여하고 있다. NAC의 웹사이트에는 기록관리 정책 및 절차, 온라인 연구도구, 검색도구, 전시와 출판에 관한 정보 등 가치 있는 정보가 많다.

국립기록청(NARA)

700 Pennsylvania Avenue, NW
Washington, DC
20408, US
Fax: +1 202 208 5248
Website: http://www.nara.gov/

NARA는 미국의 역사를 보존하고 연방기록의 관리를 책임지는 독립 연방기구이다. NARA는 기록관리 주제에 관한 많은 간행물을 가지고 있고, 세부적인 것은 웹사이트에서 제공한다. NARA의 일반기록물처리일정표도 웹사이트에서 온라인으로 볼 수 있다.

공공기록보존소(PRO)

Kew, Richmond
Surrey TW9 4DU, UK
Tel: +44 208 876 3444
Fax: +44 208 878 8905
Website: http://www.pro.gov/uk

영국 PRO는 현재 또는 미래의 이용을 위한 보존과, 기록물관리의 중요성에 대한 인식의 제고를 추구한다. PRO는 보존 협력 및 훈련, 보존물 복사, 보존물 목록작성, 보전 및 복원 업무 등 다양한 보존 관련 활동을 한다.

뉴사우스웨일즈 주립기록보존소

Level 3, 66 Harrington Street
The Rocks
Sidney, NSW 2000
Australia
Tel: +61 2 9237 0200
Fax: +61 2 9237 0142
Email: srecords@records.nsw.,gov.au
Website: http://www.records.nsw.gov.au

이곳은 뉴사우스웨일즈 기록청(Archives Authority)으로 알려져 있었다. 이곳의 웹사이트는 소장기록물에 대한 온라인 검색, 프로그램 및 서비스의 업데이트, 정부기록관리편람 (Government Recordkeeping Manual) 같은 다양한 간행물의 온라인 버전을 포함하여 다양한 기록관리에 관한 정보를 제공한다.

[연습 38]

여러분의 기관에 위에 열거한 기관에 대한 정보가 있는지 알아 보아라. 출판물을 수령하거나 이들 중 어느 조직과 학술대회, 회의 또는 다른 일을 추진하고 있는가?

여러분 생각에 어느 조직과 우선 교류하고 싶은가? 그 교류를 통하여 기대하는 것은 무엇인가? 어떻게 생산적인 유대관계를 이룰 수 있을 것인가?

보충자료

영구기록관리에 관해 이용 가능한 출판물은 매우 많다. 여기서는 광범위한 분야의 출판물을 열거하였다. 이 참고문헌에는 특히 여러분들의 기관의 참고실이나 도서실에 비치할 만한 핵심적인 저작물들이 포함되어 있다. 어떤 것들은 다른 것보다 쉽게 구할 수 있고, 또 어떤 것들은 다른 것에 비해 최근의 것들이다. 그러나 오래된 출판물도 중요한 정보를 가지고 있으며, 특정 국가나 지역에서는 아직 널리 배포되지 않은 출판물보다 쉽게 도서관에서 찾을 수 있을 것이다. 핵심 문헌에는 *표를 해놓았다.

> *중요 문헌은 『기록관리 참고문헌』에서도 찾을 수 있다.*
> *여기서는 기록물관리에 관한 보다 일반적인 출판물의 정보를*
> *얻을 수 있다.*

영구기록관리에 대한 저술

Bradsher, J G (ed). *Managing Archives and Archival Institutions.* Chicago, US: University of Chicago Press, 1989.

This publication has been issued in segments according to the type of record, such as manuscripts, visual materials, maps and so on.

Cook, Michael. *Information Management and Archival Data.* London, UK: Library Association Publishing, 1993.

* Cook, Michael. *Archives Administration: A Manual for Intermediate and Smaller Organizations and for Local Government.* Folkestone, UK: Dawson, 1977.

* Cox, RJ. *Managing Institutional Archives: Foundational Principles.* New York, NY: Greenwood Press, 1992.

Ellis, Judith (ed). *Keeping Archives.* 2d edition. Sydney, AU: Thorpe, in association with the Australian Society of Archivists Inc, 1993.

Jenkinson, CH. *A Manual For Archives Administration.* London, UK: Lund Humphries, 1965.

Maher, William. *Managing College and University Archives*. Metuchen, NJ: Scarecrow Press, 1996.

O'Toole, James. *Understanding Archives and Manuscripts*. Chicago, IL: Society of American Archivists, 1990.

Pennsylvania State University Archives. *Procedures Manual: A Guide to Managing an Institutional Archive Utilizing Flow Charts*. Rev ed. Philadelphia, PA: University Libraries, Pennsylvania State University, 1996.

Schellenberg, T R. *Modern Archives, Principles and Techniques*. Chicago, UN: University of Chicago Press, 1956 (reprint).

Turton, A, ed. *Managing Business Archives*. London, UK: Butterworth – Heinemann, in association with the Business Archives Council, 1991.

* Wilsted, Thomas and William Nolte. *Managing Archival and Manuscript Pepositories*. Chicago, IL: Society of American Archivists, 1991.

Yakel, Elizabeth. *Starting an Archives*. Metuchen, NJ: Society of American Archivists and Scarecrow Press, 1994.

일반적인 영구기록 관리론

Bowden, Russell. *Guidelines for the Management of Professional Associations in the Fields of Archives, Library and Infromation Work*. (RAMP Study PGI – 89/WS/11). Paris, FR: UNESCO, 1989. Available electronically through the UNESCO website.

Childs, R J. *Health and Safety: A Guide to Good Health and Safety Practice in the Record Office*. London, UK: Society of Archivists, Best Practice Guidelines 3, 1996.

Fontaine, France, and Pauline Bernhard. *Guidelines for Writing Learning Objectives in Librarianship, Information Science and Archives Administration*. (RAMP Study PGI – 88/WS/10). Paris, FR: UNESCO, 1988. Available electronically through the UNESCO website.

Harrison, Helen P, ed. *Audiovisual Archive Literature. Select Bibliography*. (RAMP Study PGI – 92/WS/2). Paris, FR: UNESCO, 1992.

* Ketelaar, Eric. *Archival and Records Management Legislation and Regulations: A RAMP Study with*

Guidelines. (RAMP Study PGI – 85/WS/9). Paris, FR: UNESCO, 1986\5. 121 p.

Macoux, Y, ed. *Standards and Guidelines Applied to Archival Institutions, Archival Education Programs and Ethics*. Ottawa, ON: National Archives Library, CCIDA Bibliographies 50, 1990.

McCarthy, PH, ed. *Archives Assesment and Planning Workbook*. Chicago, IL: Society of American Archivists, 1989.

Methven, Patricia, et al. *Measuring Performance*. Best Practice Guide 1. London, UK: Society of Archivists, 1993.

Moss, William W and Peter C Mazikana. Archives. *Oral History and Oral Tradition: A RAMP Sutdy*. (RAMP Study PGI – 86/WS/2). Paris, FR: UNESCO, 1986.

* Rhoads, James B. *The Role of Archives and Records Management in National Information Systems: A RAMP Study*. (RAMP Study PGI – 89/WS/6). Paris, FR: UNESCO, 1989. Available electronically through the UNESCO website.

Seton, Rosemary E. *The Preservation and Administration of Private Archives: A RAMP Study*. (RAMP Study PGI – 84/WS/6). Paris, FR: UNESCO, 1984.

Sigmond, J P. 'The Role of Associaions of Archivists in Continuing Training'. Bonn, GER: Proceedings of X International Congress on Archives, 1984.

Stielow, Frederick J., *The Management of Oral History Sound Archives*. New York, NY: Greenwood, 1986.

Walne, Peter, comp. *Modern Archives Administration and Records Management: A RAMP Reader* (RAMP Study PGI – 85/WS/32). Paris, FR: UNESCO, 1985. Available electronically through the UNESCO website.

수집과 이관

Raspin, GEA. *The Transfer of Private Papers to Repositories*. London, UK: Society of Archivists, Information Leaflets No.5, 1988.

Seton, Rosemary E. *The Preservation and Administration of Private Archives: A RAMP Study*. (RAMP Study PGI – 84/WS/6). Paris, FR: UNESCO, 1984.

정리와 기술

Bureau of Canadian Archivists. *Toward Descriptive Standards: A Report and Recommendations of the Canadian Working Group on Archival Descriptive Standards.* Ottawa, ON: Bureau of Canadian Archivists, 1985.

Bureau of Canadian Archivists. Planning Committee on Descriptive Standards. Rules for Archival Description (RAD). Ottawa, ON: Bureau of Canadian Archivists, 1990 - .

Cook, Michael and Procter, Margaret. *MAD User Guide: :How to Set about Listing Archives. A Short Explanatory Guide to the Rules and Recommendations of the Manual of Archival Description.* Aldershot, UK: Gower, 1989.

Cook, Michael; Margaret Procter. *Manual of Archival Description.* 2d ed. Aldershot, UK: Gower, 1989.

Eastwood, T, ed. *The Archival Fonds: From Theory to Practice.* Ottawa, ON: Bureau of Canadian Archivists, 1992.

Gracy, D B. *Archives and Manuscripts: Arrangement and Description.* Chicago, IL: Society of American Archivists, 1989.

Hurley, C. 'The Australian ('Sereis') System: An Exposition', in McKemmish, S and Piggott, M, eds. *The Records Cobntinuum: Ian Maclean and the Australian Archives, First Fifty Years.* Canberra, AUS: Ancora Press and Australian Archives, 1994, pp. 150 - 72.

* International Council on Archives, Ad Hoc Commission on Archival Description Standards. ISAD(G): *International General Standard Archival Description.* Ottawa, ON:Naional Archives of Canada, 1994.

* Miller, Frederick J. *Arrangeing and Describing Archives and Manuscripts.* Chicago, IL: Society of American Archivists, 1990.

National Archives of Sweden. *The Principle of Provenance. Report from the first Stockholm Conference on Archival Theory and the Principle of Provenance, 2 - 3 September 1993.* Stockholm, SW: Svenska Riksarkivet, 1994.

Taylor, HA. *The Arrangement and Description of Archival Materials.* ICA Handbooks Vol. 2. Munich, GER: GH Saur, 1980.

Toward International Descriptive Standards for Archives. Papers presented at the ICA Invitational Meeting of Experts on Descriptive Standards, National Archives of Canada, 4 - 7 October 1988. Munich, GER: K. G. Saur, 1993.

Walch, Victoria Irons, comp. *Standards for Archival Description: A Handbook.* Chicago, IL: Society of American Archivists, 1994. Available electronically from the website of the Society of American Archivists.

용어인증관리 및 색인어

Black, E. *Authority Control: A Manual for Archivists.* Ottawa, CN: Bureau of Canadian Archivists, 1991.

Bureau of Canadian Archivists. Planning Committee on Descriptive Standards. *Subject Indexing for Archives.* Ottawa, ON: Bureau of Canadian Archivists, 1992.

Gagnon - Arguin, L. *An Introduction to Authority Control for Archivists.* Ottawa, ON: Bureau of Canadian Archivists, 1989.

Hensen, Steven L, comp. *Archives, Personal Papers and Manuscripts: A Cataloguing Manual for Archival Repositories, Historical Societies and Manuscript Libraries.* 2d ed. Chicago, IL: Society of American Archivists, 1989.

Hoy, Marian. *Understanding Official Government Terminology: Natural Language Searching and Government Thesauri.* Canberra, ACT, AUS: National Archives of Australia, 1998. Available electronically at http://www.naa.gov.au/.

Hoy, Marian. *A Thesaurus of General Terms for the Commonwealth: Assessment of Keyword AAA.* Canberra, ACT, AUS: National Archives of Australia, 1998. Available electronically at http://naa.gov.au/govserv/techpubs/aaa/

International council on Archives. *ISAR(CPF): International Standard Archival Authority Record for Corporate Bodies, Persons and Families.* Ottawa, ON: National Archives of Canada, 1996.

Lancaster, FW. *Indexing and Abstracting in Theory and Practice.* Champaign, IL: University of Illinois, 1991.

참고서비스

Blais, Gabrielle. *Access to Archival Records. A Review of Current Issues. A RAMP Study.* (RAMP Study CII - 95/WS/5). Paris, FR: UNESCO, 1985. Available electronically through the UNESCO website.

Casterline, GF. *Archives and Manuscripts: Exhibets.* Chicago, IL: Society of American Archivists, 1980.

Duchein, Michel. *Obstacles to the Access. Une and Transfer of Information from Archives: A RAMP Study.* (RAMP Study PGI - 83/WS/20). Paris, FR: UNESCO, 1983.

* Finch, Elsie Freeman, ed. *Advocation Archives: An Introduchtion to Public Relations for Archivists.* Metuchen, NJ: Society of American Archivists and Scarecrow Press, 1994.

* Pederson, Ann an Gail Farr. *Archives and Manuscripts: Public Programs.* Chicago, IL: Society of American Archivists, 1982.

Pugh, Mary Jo. *Providing Reference Services for Archives and Manuscripts.* Chicago, IL: Society of American Archivists, 1992.

Taylor, HA. *Archival Services and the Concept of the User: A RAMP Study.* (RAMP Study PGI - 84/WS/4). Paris, FR: UNESCO, 1984.

Walne, Peter, comp. *Modern Archives Administration and Records Management: A RAMP Reader.* (RAMP Study PGI - 85/WS/32). Paris, FR: UNESCO, 1985. Available electronically through the UNESCO website.

See especially Chapter 9, Exhibitions, Educational Services, Public Relations.

Whalen, L. *Reference Services in Archives.* New York, NY:Haworth Press, 1986.

영구기록의 교육적 활용

Conway, Paul. *Partners in Research: Improving Access to the Nation's Archives.* Pittsburgh, PA; Archives and Museum Informatics, 1994.

Cook, M. 'Teaching with archives.' *International Journal of Archives* 1 (1980): 25 - 36.

Franz, Eckhart G. *Archives and Education: A RAMP Study with Guidelines.* (RAMP Study PGI - 86/WS/18). Paris, FR: UNESCO, 1986.

Society of Archivists. *Statement on the Educational Use of Archives*. London, UK: Society of Archivists, 1980.

[연습 39]

여러분의 기관에 있는 참고실이나 도서관을 점검해 보라. 영구기록관리에 관한 책이나 다른 자료를 구할 수 있는가? 위에 열거한 자료 중 어떤 것을 갖추고 있는가? 두세 종의 문헌을 골라 여러분의 기관에 대한 이들 자료의 현용성과 가치를 평가하라. 갖추고 있는 자료가 없다면, 도서관의 확대나 발전에 도움이 될 두세 종의 출판물을 생각해 보라. 어떻게 이 책들을 실제로 구할 수 있을 지 구상해 보라.

요약

이 과에서는 『기록보존소의 기록관리』 전체 모듈을 개관하였다. 그리고 활동의 우선 순위를 어떻게 설정할 것인지를 논의하고, 다음과 같은 우선 순위를 제시하였다.

- 1순위 : 보존과 열람 조건의 검토 및 개선
- 2순위 : 이관 절차의 확정과 개선
- 3순위 : 기술체계의 검토 및 개선
- 4순위 : 기록관리기관의 다른 업무절차에 대한 검토

이 과에서는 추가 정보를 얻고, 영구기록 관련 문제에 관해 도움을 얻을 수 있는 방법을 개괄하였다. 그리고 영구기록관리에 적당한 정보자료에 대하여 논의하는 것으로 결론을 맺었다.

학습문제

• 여러분 나름대로, 이 과에서 제시한 우선 순위가 왜 그런 순서로 나타났는지 설명하라

• 이 과에서 열거한 기관 중 첫 번째로 접촉하고 싶은 기관을 골라 그 이유를 설명하라

• 이 과에서 제시한 참고문헌 중 우선 구입하고자 하는 두 종류를 골라, 이유를 설명하라

연습: 조언

연습 37

모든 기관은 기록관리의 측면에서 각기 상이한 발전단계를 밟고 있을 것이다. 설정된 우선 순위는 각 기관, 또는 지역 및 국가의 특수한 요구를 감안해야 한다. 하지만, 우선 일반적인 관리 수준에 초점을 맞추고, 나아가 계획과 관리, 구체적인 기능이나 절차에 눈을 돌려야 한다. 특히 여러분의 기관에 가장 적합한 조치 절차를 결정하기 전에, 관리차원의 통제나 지식정보차원의 통제에서 참고서비스의 규칙이나 기록 이관에 이르기까지 이 모듈에서 언급된 모든 주제를 고려해야 할 것이다.

연습 38

자료가 제한되어 있다면, 국제기구는 지역이나 국가 단위의 협회로부터 정보를 얻기 때문에, 우선 거기로 문의하는 것이 현명하다. 모든 이를 위하여 자료를 축적하고 있는 국제 기구를 통하여 여러분의 기관으로 가치 있는 정보를 가져올 수 있다. 구체적인 출판물이나 정보를 얻기 전에 일반 정보에 초점을 맞추는 것이 바람직하다.

연습 39

위 연습에서 언급하였듯이, 특수 도서관을 발전시키기보다는, 일반적인 정보에서 시작하여 좋은 입문서나 개론서를 갖춘 도서실을 확보하는 것이 중요하다.

『기록보존소의 기록관리』

책임집필
미카엘 쿡(Michael Cook)
쿡은 옥스퍼드 대학교에서 아키비스트 교육을 받고, 영국 데본(Devon) 지방기록보존소와 뉴캐슬 시립기록보존소에서, 또 리버풀 대학교에서 아키비스트로 근무하였다. 그는 현재 리버풀 대학의 선임연구원(Senior Fellow)이다. 그는 아프리카에서도 두 번 근무한 적이 있다. 그는 1964년 탄자니아 국립기록보존소장으로, 이 분야에 대한 최초 입법을 추진하였다. 1975 – 77년에는 가나 대학교에서 영어를 사용하는 아프리카 국가를 위한 기록관리 훈련 프로그램을 이끌었다. 그는 세계를 돌면서 기록관리 실무의 자문을 담당하였고, 1984 – 1988년까지 ICA 교육 및 훈련위원회의 의장으로 활동하였다. 그는 『정보관리와 영구기록 데이터(Information Management and Archival Data)』 등 4권의 기록관리 실무에 관한 교재를 지었으며, 『영구기록 기술 편람(Manual of Archival Description)』의 공저자이기도 하다. 그는 유네스코와 램프(RAMP) 시리즈에 몇몇 기술적인 보고서를 쓰기도 하였다.

집필
앤드류 그리핀(Andrew Griffin)

감수
아쿠자(Harry Akussah), 가나 레곤(Legon) 대학교
배리(Rick Barry), 미국 배리 협회
카아(Venessa Carr), 영국 공립기록보존소(PRO)
힐리(Susan Healey), 영국 공립기록보존소
머레이 라차펠(Rosemary Murray – Lachapelle), 캐나다 국립기록보존소
로즈(Jacqui Rose), 전 영국 공립기록보존소
발피(Richard Valpy), 캐나다 국립기록보존소
월포드(John Walford), 전 영국 공립기록보존소

검증기관
벨리제(Belize) 기록관리청
케냐(Kenya) 국립기록보존소
말라위(Malawi) 국립기록보존소
싱가포르(Singapore) 국립기록보존소
잠비아(Gambia) 국립기록보존소
자마이카(Jamaica) 서인도(West Indies) 대학교

기록보존소의 기록관리

옮긴이 오 항 녕
감 수 한국국가기록연구원
펴낸이 조 현 수
펴낸곳 도서출판 진리탐구

초판 1쇄 인쇄 2002년 3월 25일
초판 1쇄 발행 2002년 3월 30일

주소 서울시 마포구 용강동 494-53 (121-876)
전화번호 02) 703-6943, 4
전송번호 02) 701-9352

출판등록일 1993년 11월 17일
출판등록번호 제 10-898호

ISBN 89-8485-033-0